Wildlife am Bodensee
Die Vögel

Dieter Haas

Wildlife am Bodensee
Die Vögel

Verlag Stadler

Singendes Rohrammer-Männchen

Impressum

Herausgeber, Idee und Konzeption:
Dieter Haas

Die Wiedergabe oder Veröffentlichung der Texte und Bilder des Buches ist nur mit ausdrücklicher Zustimmung des Autors sowie des Verlages gestattet.

Redaktion: Beatrix Haas
Grafik und Vorstufe: Beatrix Haas
Gesamtherstellung: Druckerei Koch, 72764 Reutlingen

Verlag und Vertrieb:

Stadler Verlagsgesellschaft mbH
Max-Stromeyer-Straße 172
78467 Konstanz
E-Mail: info@verlag-stadler.de
www.verlag-stadler.de

1. Auflage 2017

© Copyright by:
Verlag Friedr. Stadler, Konstanz
Inh. Michael Stadler e. K.

ISBN 978-3-7977-0736-9

Inhalt

Vorwort	8
Einführung und Danksagung	9

Bildteil

Die Vögel	10
Biotope	93
Wildnisgebiete kontra Mähwiesen	108

Textteil

Der Bodensee – Lebensraum für Vögel	114
Vorbemerkungen	114
Neozoen in der Diskussion	114
Vögel am Bodenseeufer	115
Vögel der Schilf- und Riedflächen	115
Ornithologisch bemerkenswerte Gebiete	116
Österreich	116
Schweiz	117
Deutschland	117
Von Heimkehrern und Zugereisten	119
Comeback der Großvögel	119
Neozoen und weitere Neuzugänge	119
Störche im Aufwind	119
Gute Aussichten für Seeadler und Co.	120
‚Märchenvogel' Waldrapp – bald wieder heimisch?	120
Vogelschutz am Bodensee	121
Wasservögel in Gefahr	121
Feld- und Wiesenvögel in Not	121
Wilde Weiden und Wildnisentwicklungsgebiete statt Traktoren und Mähwiesen	122
Warum große Weidetiere?	122
Apex-Arten auf heimischen Weiden	122
Wildnisentwicklung zum Vorzeigen	123
Konzept mit Zukunft	124
Bodensee 2030: Träumerei oder realisierbare Vision?	125
Literatur	126
Weblinks	127
Tabellarischer Überblick über die sicher registrierten Vogelarten	128
Tabelle 1	128
Tabelle 2	134
Alphabetische Artenliste (Register)	136

Vorwort

Die Vogelwelt der Bodenseeregion ist gut erforscht. Seit 1958 arbeiten Vogelkundler der drei Anrainerstaaten Deutschland, Schweiz und Österreich in der Ornithologischen Arbeitsgemeinschaft Bodensee (OAB) ehrenamtlich eng zusammen, um die Avifauna zu erfassen, zu dokumentieren und zu ihrem Schutz beizutragen. Neben den einzelnen Forschungsprojekten der OAB werden auch die von ‚Bodensee-Ornis' anerkannten Einzelbeobachtungen in den vierteljährlich erscheinenden internen Rundbriefen und/oder in Print- und Online-Publikationen berücksichtigt.

Auf diesem akribisch über viele Jahre gesammelten Erfahrungsschatz baut das vorliegende Kompendium auf. Wer am Bodensee Vögel bestimmen, an einer ornithologischen Exkursion teilnehmen oder sich zu Hause mit dem Thema befassen möchte, findet hier einen professionellen Wegweiser. Dabei garantieren die weit über 400 Farbaufnahmen, fast alle vom Autor selbst und ästhetisch anspruchsvoll, einen ausgezeichneten Überblick über die im Bodenseeraum zu beobachtenden Vogelarten. Die Frage nach ihrem Schutz und ihrer Erhaltung ergibt sich dann von selbst und ist wesentliches Anliegen dieses Buches.

Doch nicht nur die Bodenseeregion sieht sich dieser großen Herausforderung gegenüber, sondern ganz Deutschland. Dies verdeutlicht die neue Rote Liste der Brutvögel Deutschlands, die vom Deutschen Rat für Vogelschutz (DRV), dem Naturschutzbund Deutschland (NABU) und dem Landesbund für Vogelschutz in Bayern (LBV) veröffentlicht wurde. „Es fehlt den Vögeln an geeigneten Brutplätzen und an Nahrung. Dies hat vorrangig mit der intensiven Landnutzung und Zersplitterung der Lebensräume zu tun. Ebenfalls bedeutsam ist das dramatische Insektensterben, welches in direktem Zusammenhang mit der intensiven Landbewirtschaftung steht und den Vögeln die Nahrungsgrundlage entzieht", betonen die Verbände.

Der Autor, seit langem erfolgreich im nationalen und internationalen Naturschutz tätig, stellt sich diesem Anliegen. Sein Buch zeichnet sich gegenüber vielen anderen, welche die Vogelwelt nur beschreiben, durch konkrete Vorschläge zur Verbesserung ihrer Lebensbedingungen aus. In einem eigenen Kapitel werden Beispiele aufgezeigt, die zu der oft beschworenen Trendwende, zum Erhalt unserer Vogelwelt und zur biologischen Vielfalt insgesamt Grundlegendes beitragen können. Im Mittelpunkt steht dabei die wissenschaftliche Neubewertung der Rolle der großen Pflanzenfresser wie Rind und Pferd. Naturnahe Weidelandschaften, so der Autor, können bei geeigneten Rahmenbedingungen auch ehrgeizige Zielsetzungen des Naturschutzes zum Erfolg führen. Damit ist das von ihm vertretene Konzept geeignet, längst überfällige Impulse auch für das Bodenseegebiet zu setzen. So versteht sich, als Ausklang des Buches, seine Vision ‚Bodensee 2030' auch als Chance für den künftigen Bodenseetourismus. Das mag zunächst etwas utopisch erscheinen. Doch die Erfahrungen des Autors, gewonnen auf seinen Exkursionen und Reisen durch die Naturschutzgebiete im In- und Ausland, sind ermutigend.

Erfurt, im April 2017
Edgar Reisinger
Vorsitzender Taurus Naturentwicklung e. V.

Einführung und Danksagung

Bildband, Nachschlagewerk und Reiseführer: Dieses Bestimmungsbuch im handlichen Format lädt ein zu einem Streifzug durch die faszinierende Vogelwelt rund um den Bodensee.

Das Buch wendet sich an vogelkundlich Interessierte wie an erfahrene Ornithologen. Im Fokus steht der 104 Seiten umfassende *Bildteil* mit über 400 Farbaufnahmen. Über 250 am Bodensee nachgewiesene und von der Ornithologischen Arbeitsgemeinschaft Bodensee (OAB) anerkannte Vogelarten sind berücksichtigt. Den populären Arten wird auf Doppelseiten reichlich Platz eingeräumt. Die zugehörigen Bildlegenden informieren über Artmerkmale, Vorkommen, Verhalten, Wanderungen und weitere Besonderheiten. Die Größe (Länge) der Vögel wird von der Schnabelspitze bis zum Schwanzende gemessen, die Spannweite von Flügelspitze zu Flügelspitze. Zur besseren Überschaubarkeit ist den einzelnen Vogelgruppen jeweils eine Farbe zugeordnet. Der Bilderbogen führt weiter zu ornithologisch wertvollen Biotopen am Bodensee und in einigen benachbarten Regionen, unter ihnen international bekannte Naturschutzgebiete. Er endet mit einem Abstecher in ein Wildnisentwicklungsgebiet in den Niederlanden. Gezeigt wird das Leben der großen Herden ganzjährig dort lebender wilder Weidetiere, die als unermüdliche Landschaftsgestalter im innovativen Naturschutz nicht mehr wegzudenken sind.

Der *Textteil* möchte zum vertieften Verständnis der bereits umrissenen Themen beitragen. Nach einem Blick auf die aktuelle Neozoendiskussion folgt die ausführliche Vorstellung von Natur- und Vogelschutzgebieten und weiteren Beobachtungsstandorten am Bodensee. Bereits vorhandenen und zu erwartenden Veränderungen im Spektrum der Vogelarten wird ein eigenes Kapitel gewidmet. Derzeitigen Defiziten im Natur- und Vogelschutz werden Möglichkeiten ihrer Behebung gegenübergestellt und viel versprechende neue, andernorts bereits erprobte Konzepte des Natur- und Artenschutzes aufgezeigt. Schließlich lässt ein visionärer Blick in die Zukunft die großen Chancen für den Tourismusstandort Bodensee erkennen, welche mit einer Förderung der Artenvielfalt (Biodiversität) durch Wildnisentwicklungsgebiete einhergehen.

Literatur- und Website-Verzeichnis ergänzen den Textteil. Zwei mit Zusatzinformationen versehene Artenlisten geben Auskunft über die seit etwa einhundert Jahren zweifelsfrei im Bodenseeraum registrierten Vogelarten. Grundlage der Listen sind neben online-Recherchen die Publikationen der OAB und deren Mitteilungen in Internetportalen [5; 11; 12 u. v. a.]. Die alphabetische Artenliste (Register) erlaubt eine rasche Übersicht.

Um möglichst aktuell zu sein, ist ein solches Buch stets auf die Mithilfe von weiteren Fachkundigen angewiesen. Für die Durchsicht des Manuskripts und wertvolle fachliche Anregungen geht mein großer Dank an Karl-F. Gauggel, Markus Jais, Edgar Reisinger und Karl Roth. David Haas möchte ich für die Mitarbeit bei der Bildbearbeitung danken. Mein besonderer Dank gilt schließlich Beatrix Haas für die weitgehende redaktionelle Betreuung und ansprechende grafische Gestaltung des Buches.

Albstadt-Pfeffingen, im April 2017   Dieter Haas

Gänsesäger-Männchen

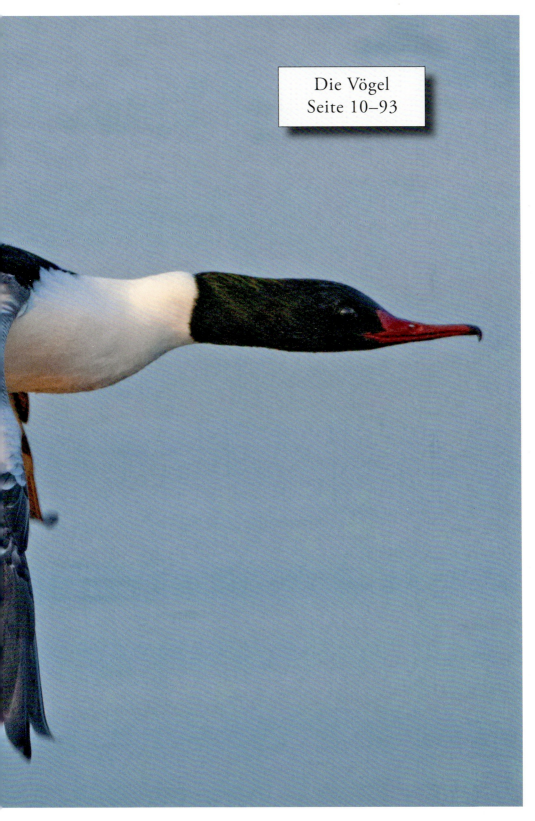

Die Vögel
Seite 10–93

▲ Einen Rivalen angreifendes, geräuschvoll startendes Höckerschwan-Männchen.

▲ Schon im Spätwinter kämpfen alte Höckerschwan-Männchen erbittert um die Brutreviere. Hier verhindert das von links hinzueilende Weibchen, dass das unterlegene Männchen (rechts) vom Sieger ertränkt werden kann. Der Brutbestand am Bodensee hat sich auf knapp 300 Paare eingependelt. Eine Regulierung des Bestandes durch Menschen (Jagd und Anstechen der Eier) ist unnötig.

◀ Höckerschwäne bei der Paarbildung im Sommer. Einmal verpaart, bleiben sie ein Leben lang zusammen und ziehen gemeinsam die Jungen auf. Rechts das größere Männchen.

Höckerschwan
(Cygnus olor)

Länge 125–155 cm
Spannweite 200–235 cm

▶ Ein im großen Schilfnest am Seeufer brütender Schwan wendet die Eier. Ein Gelege besteht aus vier bis acht Eiern. Die Brutdauer beträgt etwa 36 Tage.

▶ Junge Höckerschwäne sind im ersten Jahr braun gefärbt. Ein Teil der Jungvögel am Bodensee ist aber schon vollständig weiß. Das ist auf eine von Menschenhand geschaffene Zuchtlinie zurückzuführen *(Cygnus olor immutabilis)*, da in historischen Zeiten die Parkvögel am Hof von Anfang an ‚schön weiß' aussehen sollten – wie von den beiden halbwüchsigen Schwänen der Vogel links im Bild.

▶ Der Höckerschwan ist im ersten Lebensjahr an den braunen Gefiederanteilen noch als Jungvogel zu erkennen.

Schwäne

▼ Schon bald nach dem Schlüpfen folgen die jungen Schwäne den Eltern auf das Wasser. Hier wird – im wärmenden Gefieder der Mama – eine Ruhepause auf dem Nest eingelegt.

Graugans
(Anser anser)
Länge 75–90 cm
Spannweite 150–180 cm

Ehemals ausgerottet; seit den 1980er Jahren wieder Brutvogel an den Salemer Weihern und in zunehmender Zahl auch rund um den Bodensee. Graugänse sind bekannt für ihre Partnertreue und führen ihre Jungen gemeinsam. Hier sind zwei Familien unterwegs.

▼ Graugans-Paar im Landeanflug, laut rufend zur Begrüßung des Paares im Hintergrund. Graugänse sind die Stammform unserer Hausgänse; von diesen sind uns ihre Stimmlaute vertraut.

▲ Als Pflanzenfresser gestalten Graugänse mit anderen Weidetieren offene Brutbiotope für Kiebitz, Feldlerche, Wiesenpieper und andere Sumpf- und Feldvögel.

▲ Junge, wenige Tage alte Graugans im typischen wasserdichten ersten Dunenkleid.

▶ Anstand (Abstand halten) wird eingefordert. Graugänse halten die Vegetation auf der Insel kurz; für den Kiebitz entsteht so ein Brutbiotop. Kommt wie hier eine Gänsefamilie dem Kiebitznest allerdings zu nahe, greifen die Kiebitze an und halten die Gänse auf etwas Distanz. Ansonsten nutzen sie denselben Lebensraum zu gegenseitigem Nutzen. Die Gänse profitieren von der Wachsamkeit der Kiebitze, die sich nähernde Beutegreifer heftig attackieren.

Gänse

Rostgans-Paar

Rostgans *(Tadorna ferruginea)*
▶◀ L 61–67 cm; S 120–145 cm
Großer rostfarbener Entenvogel mit hellem Kopf und schwarzem Hinterende. Südosteuropäische Bestände durch übermäßige Bejagung weitgehend ausgerottet. In Mitteleuropa eingebürgert; Bestand möglicherweise durch einzelne wilde Zuzügler gestützt. Heute verbreiteter Brutvogel im Bodenseeraum.

Rostgänse mit zwei Nilgänsen bei Romanshorn/CH

▼ Blässgans *(Anser albifrons)*
L 65–68 cm; S 135–165 cm
Kleiner und gedrungener als die Graugans. Altvögel sind an ihrer weißen Blesse und der dunklen Bauchzeichnung zu erkennen. Nahezu alljährlich registrierter Überwinterer und Durchzügler in geringer Zahl am Bodensee. Abgebildet sind vier Altvögel zusammen mit drei Graugänsen und einer Nilgans (ganz hinten) in einer durch große Weidetiere gestalteten wilden Weidelandschaft.

▲ Brandgans *(Tadorna tadorna)*
L 58–67 cm; S 110–135 cm
Unverkennbar gefärbter großer Entenvogel, lebt vorwiegend an Meeresküsten. Am Bodensee regelmäßiger Durchzügler und Wintergast, erscheint in Verbänden von bis zu 40 Vögeln und mehr. Einzelne Übersommerer.

Weißwangengans *(Branta leucopsis)* ▶
L 58–71 cm; S 130–145 cm
Ähnlich Kanadagans, aber mit grauer Oberseite und mehr Weißanteil im Gesicht. Arktische Gans, überwintert an der Nordseeküste. Einzelne Vögel am Bodensee sind meist Gefangenschaftsflüchtlinge, gelegentlich auch Wildvögel.

Gänse

◀ Kanadagans *(Branta canadensis)*
L 90–100 cm; S 160–175 cm
Langhalsige große Gans mit brauner Grundfärbung und charakteristischer schwarz-weißer Hals- und Kopfzeichnung. Nordamerikanische Art. Am Bodensee Gefangenschaftsflüchtling, der vereinzelt in Freiheit brütet.

Nilgans ▶◀▶▶
(Alopochen aegyptiaca)

L 63–73 cm; S 135–155 cm
Langbeiniger, großer afrikanischer Entenvogel. Früher wild auch in Südosteuropa (nördlich bis Ungarn), dort ausgerottet. In Westeuropa eingeführt. Mittlerweile seltener Brutvogel am Bodensee. Hier ein Paar mit zwei Küken bei Radolfzell/D.

◀ Ringelgans
(Branta bernicla)
L 55–66 cm; S 115–125 cm
Auch diese kleine dunkle arktische Wildgans überwintert an unseren Meeresküsten. Gelegentlich am Bodensee erscheinende Vögel sind meist Gefangenschaftsflüchtlinge.

Gänse

Mit Stockenten auf dem Eis rastende Singschwäne vor dem Wollmatinger Ried/D

Alter Singschwan

▲◀ Singschwan *(Cygnus cygnus)* / L 140–165 cm; S 215–245 cm
Ein adulter Singschwan ist vom gleich großen Höckerschwan durch den gelben Schnabel mit schwarzer Spitze und Unterkante deutlich zu unterscheiden. Wintergast aus dem Norden von November bis März. Ein international bedeutsamer Bestand von in den Flachwasserzonen des Bodensees überwinternden Vögeln (mit über 400 Tieren im Januar) konnte sich erst nach Beendigung der exzessiven Wasservogeljagd aufbauen.

Ruhepause auf einem abgeernteten Maisfeld: Paar mit ausgewachsenem Jungvogel (links)

Portrait eines Altvogels

▲◀ Zwergschwan *(Cygnus columbianus)* / L 115–140 cm; S 190–225 cm
Ähnlich Singschwan, aber kleiner und von gedrungenerer Gestalt. Schnabel der Altvögel mit weniger Gelbanteil, äußere Hälfte ganz schwarz. Am Bodensee seit 1982 alljährlich registrierter Wintergast von Oktober bis März. Viel seltener als der Singschwan, mit dem er meist zusammen auftritt.

Schwäne

Stockente
(Anas platyrhynchos)
Länge 50–65 cm
Spannweite 81–98 cm

Häufigste Wildente Europas, die auch die Städte besiedelt und allgemein bekannt ist. Mit mehr als 2000 Paaren die häufigste am Bodensee brütende Entenart. Im Winter kommen Zuzügler aus dem Norden hinzu. Dann halten sich oft weit mehr als 15 000 Stockenten am Bodensee auf.

◀ Am betonierten Schifflandungsplatz in der Stadt rastende Stockerpel im Prachtkleid.

▲ An seinem gelben Schnabel als Männchen erkennbarer Stockerpel im sommerlichen Ruhekleid.

▲ Stockenten sind Gründelenten, die zum Nahrungserwerb nicht vollständig abtauchen. Hier ein gründelndes Paar (rechts: Weibchen).

▲ Alte Stockenten-Weibchen sind bei geöffneten Flügeln leicht am blauen Flügelspiegel zu erkennen. Dieser ist schwarz-weiß eingefasst und leuchtet bei direkter Aufsicht hellblau auf.

◀ Altes Stockenten-Weibchen im Sommer zu Beginn der Mauser. Die abgetragenen alten und die frischen, schon erneuerten Federn sind deutlich zu unterscheiden.

▲ Zehn erst wenige Tage alte Stockentchen im ersten Dunenkleid. Sie folgen stramm der führenden Mutter. Bei Angriffen von oben können sie sich erstaunlich gewandt durch Abtauchen in Sicherheit bringen. Stockenten-Weibchen ziehen nach Art der Enten ihre Jungen allein auf. In der Regel enthalten die Nester fünf bis elf Eier.

Gründelenten

▲ ‚Fehlfarbene' Stockenten. Stockenten sind die Stammform unserer Hausenten. Immer wieder werden unterschiedlich gefärbte Hausenten verschiedener Zuchtlinien am Bodensee ausgesetzt, so dass sich Haus- und Wildtierform kreuzen (Bastardisierung). Die Wildform ist allerdings besser angepasst und setzt sich durch. Aus Tierschutzsicht ist davon abzuraten, Zuchtformen auszusetzen.

Krickenten-Paar, links das Männchen

◄ Krickente *(Anas crecca)*
L 34–38 cm; S 58–64 cm

Kleine Gründelente mit grünem Flügelspiegel. Viel kleiner und schlanker als die Stockente. Jahresvogel am Bodensee mit nur etwa 15 Brutpaaren, jedoch zahlreiche Durchzügler und Wintergäste mit über 10 000 Vögeln.

▼ Schnatterente *(Anas strepera)*
L 46–56 cm; S 84–95 cm

Mittelgroße Gründelente mit schlankem Schnabel, orangeroten Beinen und weißen Flügelspiegeln. Etwas kleiner und schlanker als die Stockente. Am Bodensee mehr als hundert Brutpaare. Zahlreiche Durchzügler und Überwinterer.

Schnatterenten-Paar, links der Erpel

Spießenten-Männchen

Spießenten-Weibchen

◄▲ Spießente *(Anas acuta)*
L 51–66 cm; S 80–95 cm

Große Gründelente, viel schlanker als die Stockente. Männchen im Prachtkleid unverwechselbar. Weibchen schlanker und langschwänziger als andere Gründelenten, mit dunkler Schuppenzeichnung der Flanken und der Oberseite. Am Bodensee regelmäßiger Durchzügler und Wintergast von September bis April/Mai; gelegentlich Brutverdacht.

Gründelenten

Pfeifente *(Anas penelope)* ▶
L 45–51 cm; S 75–86 cm

Mittelgroße Gründelente mit steiler Stirn, spitzem Schwanz und schwarzen Beinen. Am Bodensee regelmäßiger Durchzügler und Wintergast von September bis April (Mai) mit mehreren hundert Vögeln.

Pfeifenten-Paar, vorn das Männchen

▼◂ Löffelente *(Anas clypeata)*
L 44–52 cm; S 70–84 cm

Mittelgroße Gründelente mit auffallend langem und breitem Schnabel, mit dem sie das Wasser nach Kleinlebewesen durchseiht. Brutvogel am Bodensee mit wenigen Paaren; regelmäßiger Durchzügler und Überwinterer mit bis zu tausend Vögeln und mehr.

Löffelenten-Weibchen

Löffelenten-Männchen

Knäkente *(Anas querquedula)* ◂
L 37–41 cm; S 60–63 cm

Klein, etwas größer als die Krickente, mit längerem Hals und kräftigerem Schnabel. Männchen im Prachtkleid unverkennbar. Brutvogel mit etwa 20 Paaren. Durchzügler in stark schwankender Zahl. Auch zum Schutz dieser seltenen Art sind ganzjährig gesperrte Wasserflächen unerlässlich.

Gründelenten

Brautente *(Aix sponsa)* ▶
L 43–51 cm; S 70–76 cm

Häufig gehaltene kleine Zierente aus Nordamerika. Am Bodensee werden regelmäßig aus der Gefangenschaft entwichene, verwilderte Vögel registriert. Bruten sind möglich. Wie auch die übrigen hier gezeigten Erpel trägt die abgebildete männliche Brautente ihr Prachtkleid, in dem sie vom Herbst bis ins späte Frühjahr zu sehen ist. Im Sommer mausern die Erpel in ein Schlichtkleid und ähneln dann den Weibchen. Sie verlieren alle Schwungfedern auf einmal und sind mehr als fünf Wochen flugunfähig.

Knäkenten-Paar, rechts das Männchen

Mandarinente *(Aix galericulata)* ▶
L 41–49 cm; S 68–74 cm

Gefangenschaftsflüchtling; ursprüngliche Heimat ist Ostasien. Am Bodensee regelmäßig zu beobachten. Bruten sind möglich. Hier ein Paar, links das Männchen.

◀ Als Pflanzenfresser tauchen Kolbenenten zur Nahrungssuche oft 2–4 m tief unter Wasser. Dieser Erpel hat am Seeufer Teile einer Wasserpflanze geerntet.

▶ Typisch für das Flugbild der Kolbenente, hier ein Erpel, sind die hellgrauen Schwungfedern mit dunkler Spitze.

Tauchenten

Kolbenente
(Netta rufina)

Länge 53–57 cm
Spannweite 84–88 cm

▶ Kolbenenten im sommerlichen Schlichtkleid; zwei sind an ihrem roten Schnabel als Männchen zu erkennen. Wie alle Entenvögel und viele andere Wasservögel mausern sie im Sommer alle Schwungfedern gleichzeitig und sind fünf Wochen lang flugunfähig – wie das abgebildete flügelschlagende Weibchen.

▼ Kolbenenten sind Zugvögel, überwintern aber zunehmend und oft in großer Zahl auch am Bodensee. Hier bei Romanshorn/CH eine Gruppe mit einzelnen Blässhühnern und zahlreichen Tauchenten (Reiher-, Tafel- und Kolbenenten). (9.2.2015)

▲ Kolbenenten-Paar, rechts der farbenprächtige Erpel. Die Kolbenente ist nach der Stockente die zweithäufigste am Bodensee brütende Entenart und mit mehreren hundert Brutpaaren die häufigste dort brütende Tauchente. In Mitteleuropa ist der Bodensee ein Verbreitungsschwerpunkt für diese Art.

▲ Kolbenenten steigern ihren Bruterfolg, indem sie zusätzlich auch Eier in fremde Nester legen – am Bodensee bevorzugt in die von Stock- und Reiherenten. Das Reiherenten-Weibchen im Bild führt neben seinen eigenen, dunkel gefärbten Jungen (links) auch ein Kolbenenten-Küken, erkennbar an der braun-gelben Musterung und dem rötlichen Schnabel (Bildmitte, gleich neben der Reiherente).

Tafelente
Erpel im Prachtkleid

Tauchenten

Tafelenten-Paar

◀▲ **Tafelente** *(Aythya ferina)*
L 42–49 cm; S 72–82 cm
Mittelgroße Tauchente mit gedrungenem, zum kurzen Schwanz abfallenden Rumpf. Jahresvogel am Bodensee, der – bevorzugt am Untersee – mit über 50 Paaren brütet. Häufiger Herbst-Durchzügler, jedoch stark abnehmend.

Reiherenten-Paar

Abtauchender Erpel

◀▲▼ **Reiherente** *(Aythya fuligula)*
L 40–47 cm; S 67–73 cm
Mittelgroße Tauchente. Männchen im Prachtkleid mit langem Federschopf und typischer Schwarz-Weiß-Färbung. Weibchen und Jungvögel dunkelbraun mit helleren Flanken. Zahlreicher Jahresvogel am Bodensee. Brütet mit mehreren hundert Paaren vor allem am Untersee. Herbstdurchzug im November mit über 70 000 Vögeln.

Reiherente
Erpel im Prachtkleid

Bergente *(Aythya marila)* ▶
L 40–51 cm; S 69–84 cm

Ähnlich Reiherente, aber kräftiger gebaut und ohne Schopf. Erpel im Prachtkleid mit hellgrauer (nicht schwärzlicher) Oberseite. Alljährlicher nordischer Durchzügler; von Oktober bis Mai Wintergast am Bodensee in Verbänden bis über 200 Exemplaren.

Schellente *(Bucephala clangula)* ▶
L 42–50 cm; S 65–80 cm

Gedrungene kurzhalsige Tauchente mit längerem Schwanz, kurzem Schnabel und großem, fast dreieckigem Kopf. Männchen im Prachtkleid mit unverwechselbarer Schwarz-Weiß-Zeichnung. Weibchen überwiegend braun und grau gefärbt. Im Bild ein zwischen drei Weibchen balzendes Männchen.

Moorente *(Aythya nyroca)* ▶
L 38–42 cm; S 63–67 cm

Ähnlich einem Reiherenten-Weibchen, aber mehr rotbraun und mit weißen Unterschwanzdecken. Männchen im Prachtkleid an Kopf, Brust und Flanken intensiv kastanienbraun gefärbt. Spärlicher Jahresvogel am Bodensee. Brutnachweise gelingen nicht jedes Jahr. Hier ein Paar, rechts der Erpel mit den deutlich erkennbaren, helleren Augen, links das blassere Weibchen.

Eiderente *(Somateria mollissima)* ▶
L 50–71 cm; S 80–108 cm

Große, massige Meerente. Männchen im Prachtkleid unverwechselbar, Weibchen braun mit feiner Rumpfbänderung. Jahresgast am Bodensee seit 1972, im Sommer nur noch sehr spärlich. Bestände wieder bedroht durch starken Schiffsverkehr auf dem See. Zu sehen sind zwei Eidererpel in der Auseinandersetzung um ein Weibchen.

Eisente *(Clangula hyemalis)* ▶
L 30–60 cm; S 73–79 cm

Gedrungene kleine Meerente, auffällig schwarz-weiß-braun mit schwarzen Flügeln; in jährlich dreimal wechselnden Kleidern sehr unterschiedlich gefärbt. Männchen mit sehr langen Schwanzspießen. Am Bodensee regelmäßiger spärlicher Wintergast und Durchzügler von November bis Mai. Hier ein Männchen im Schlichtkleid.

Samtente *(Melanitta fusca)* ▶
L 51–58 cm; S 90–99 cm

Außerhalb der Brutzeit meist auf dem Meer lebende, kräftige dunkle Ente mit weißem Flügelspiegel. Männchen im Prachtkleid schwarz mit gelbem Schnabelhöcker, Weibchen (im Bild) bräunlicher mit hellen Wangenflecken. Der sehr ähnlichen, kleineren **Trauerente** *(Melanitta nigra)*/L 44–54 cm, fehlt der weiße Flügelspiegel. Regelmäßige, spärliche Wintergäste und Durchzügler von Oktober bis Mai.   Foto: Karl-F. Gauggel

Lappentaucher

◀ Schon bald nach dem Schlüpfen folgen junge Taucher den Eltern auf das Wasser. Das winzige Dunenküken scheint mit der hier angebotenen Nahrung, einer Libelle, aber etwas überfordert zu sein. Zum Nahrungsspektrum der Haubentaucher gehören auch Insekten. Foto: Peter Steiner

▼ Haubentaucher-Paar in einer ruhigen Bucht am Rand der Schilfzone. Im Anschluss an das aufwendige Balzritual fordert das Weibchen (vorn) auf dem noch unfertigen Schwimmnest das Männchen zur Paarung auf.

◀ Beginn der Paarung, wobei das Männchen durch seine in Balzstimmung gespreizte Haube auffällt.

▼ Haubentaucher im schlichten Winterkleid. Er streckt sich und zeigt dabei die schwarz-weiße Flügelzeichnung und die für die Lappentaucher namengebenden gelappten Schwimmhäute. Die größeren Seetaucher haben geschlossene Schwimmhäute wie die Entenvögel.

▲ Junge Haubentaucher im Dunenkleid sind wie Frischlinge gestreift. Hier ruhen zwei wenige Tage alte Küken im wärmenden Gefieder eines Altvogels, während der Partner Nahrung – hier eine Wasserinsektenlarve – anbietet.

Haubentaucher
(Podiceps cristatus)
Länge 46–51 cm
Spannweite 85–90 cm

Größter heimischer Lappentaucher; häufigster Taucher am Bodensee mit einem Brutbestand von mehr als tausend Paaren. Bestandseinbrüche nach Zusammenbruch der Weißfischpopulationen, vor allem der Rotaugen, durch Fischseuchen. Der Bodensee ist das wichtigste Überwinterungsgebiet der Art in Deutschland.

Haubentaucher im raschen geradlinigen Flug

▲ Haubentaucher im schlichten Winterkleid mit erbeutetem Weißfischchen (Rotauge). Kleine Weißfische bilden die Hauptnahrung der Haubentaucher. Zusätzlich werden Insekten und Weichtiere verzehrt.

Lappentaucher

▼◀▲**Zwergtaucher**
(Tachybaptus ruficollis)
L 31–38 cm; S 56–64 cm
Kleinster Lappentaucher von gedrungener Gestalt, mit rundlichem Kopf und kurzem Schnabel. Jahresvogel am Bodensee mit über 300 Brutpaaren. Als Überwinterungsgebiet für bis zu 900 Vögel ist der Untersee bis nach Stein am Rhein von internationaler Bedeutung. *Bild oben links:* Altvogel im Brutkleid. *Bild oben rechts:* Altvogel im Brutkleid mit einer Köcherfliegenlarve, die er mitsamt Behausung am Seegrund erbeutet hat.

▲ Ausgewachsener junger Zwergtaucher mit noch gestreiftem Kopf und Hals.
▼ Schwarzhalstaucher. Altvogel im Brutkleid.

▼ Tragen beide ihr Schlichtkleid, kann man den Schwarzhalstaucher vom Ohrentaucher durch den aufgeworfenen Schnabel unterscheiden.

Brutkleid   Schlichtkleid

▼▲**Schwarzhalstaucher**
(Podiceps nigricollis)
L 28–34 cm; S 56–60 cm
Kleiner Lappentaucher, gedrungener und kleiner als der Rothalstaucher. Jahresvogel am Bodensee, brütet mit etwa 70 Paaren bevorzugt am Untersee.

◀**Ohrentaucher**
(Podiceps auritus)
L 31–38 cm; S 59–65 cm
Nordischer Durchzügler und in geringer Zahl Wintergast von September bis Mai. Hier ein Vogel im Brutkleid. Am Bodensee meist im grau-schwarz-weißen Schlichtkleid zu sehen.

Rothalstaucher ▶ *(Podiceps grisegena)*
L 40–50 cm; S 77–85 cm

Schlanker, großer Lappentaucher, etwas kleiner und kompakter als der Haubentaucher, dem er im Winterkleid sehr ähnlich sieht, aber mit dunklerem Hals. Am Bodensee seltener, jedoch regelmäßiger Durchzügler und Wintergast; unregelmäßiger Brutvogel. Abgebildet ist ein Altvogel im Brutkleid mit Beute.

Seetaucher

Seetaucher sind recht große Tauchvögel. Sie ähneln, abgesehen vom kurzen Schwanz, dem Kormoran. Wie diese liegen sie tief im Wasser. Sie brüten im Norden. Alle vier Arten erscheinen als Durchzügler und Wintergäste am Bodensee, der größte (**Gelbschnabeltaucher**, *Gavia adamsii*) nur als Ausnahmeerscheinung.

Prachttaucher *(Gavia arctica)* ▶
L 58–73 cm; S 110–130 cm

Etwas größer als der Sterntaucher und mit dickerem, geradem Schnabel. Regelmäßiger Durchzügler, von Oktober bis Mai meist am Obersee Wintergast mit etwa 30 Exemplaren. Einzelvögel übersommern gelegentlich. Hier ein Vogel im Schlichtkleid.
Foto: Karl-F. Gauggel

▲◀ Sterntaucher *(Gavia stellata)* / L 53–69 cm; S 106–116 cm
Kleinster und elegantester Seetaucher mit aufgeworfenem Schnabel. Regelmäßiger Durchzügler und Wintergast in geringer Zahl von November bis Mai. *Bild links:* Sterntaucher im Winter(Schlicht-)kleid. *Bild rechts:* Sterntaucher-Paar im Brutkleid.

Eistaucher *(Gavia immer)* ▶
L 73–88 cm; S 122–148 cm

Neben dem Gelbschnabeltaucher größter Seetaucher. Im Schlichtkleid ähnlich Prachttaucher, aber mit dunklerem Kopf und Hals. Am Bodensee fast jährlich registrierter Wintergast von November bis April. Bevorzugte Nahrung sind dann die eingeführten Kamberkrebse. Hier ein Vogel im Brutkleid, der seine verhältnismäßig großen Flügel ausbreitet. Im Gegensatz zum ‚Schwirrflug' der Lappentaucher fliegen Seetaucher ähnlich Kormoranen mit langsamen Flügelschlägen.

In der Bildmitte ein sehr hellköpfiger Kormoran-Altvogel (Güttlingen/CH 9.2.2015). Links im Bild ein Graureiher, rechts außen ein Blässhuhn.

Kormoran
(Phalacrocorax carbo)
Länge 80–100 cm
Spannweite 130–160 cm

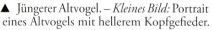

▲ Jüngerer Altvogel. – *Kleines Bild:* Portrait eines Altvogels mit hellerem Kopfgefieder.

◀ Junge, ausgewachsene Kormorane wie der Vogel im Bild sind brauner gefärbt als Altvögel und haben eine helle Unterseite. Der Flug gleicht dem der Gänse, mit langsamen Flügelschlägen und kurzen Gleitstrecken.

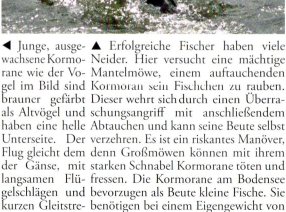

▲ Erfolgreiche Fischer haben viele Neider. Hier versucht eine mächtige Mantelmöwe, einem auftauchenden Kormoran sein Fischchen zu rauben. Dieser wehrt sich durch einen Überraschungsangriff mit anschließendem Abtauchen und kann seine Beute selbst verzehren. Es ist ein riskantes Manöver, denn Großmöwen können mit ihrem starken Schnabel Kormorane töten und fressen. Die Kormorane am Bodensee bevorzugen als Beute kleine Fische. Sie benötigen bei einem Eigengewicht von gut 2500 g nur 400 g Nahrung täglich.

▶ Im Sommertrubel am Bodensee finden Kormorane selten so ungestörte Ruheplätze wie hier in Arbon/CH. Links außen eine Mittelmeermöwe, rechts außen eine Lachmöwe. (22.8.2015)

◤ Tief im Wasser liegender älterer Vogel vor dem Abtauchen.

▼ Auch geschwächte und tote Fische stehen auf dem Speiseplan. Wo sie nicht verfolgt werden, kommen Kormorane gern an Fischerboote und holen sich über Bord geworfene Fischabfälle (Dardanellen, Türkei).

▲ Beim Anblick dieses sein Gefieder trocknenden jüngeren Kormorans mag dem Betrachter vielleicht der (allerdings deutlich kleinere) Urvogel *Archaeopteryx* in den Sinn kommen. – Kormorane können ihr langes Großgefieder nicht in Federtaschen verstecken und müssen es nach dem Fischfang stets an Land trocknen. Ehemals als Brutvogel ausgerottet, finden sich seit den 1990er Jahren wieder einige Brutkolonien am Bodensee, durch gezielte Verfolgung und anhaltende Störungen allerdings nur in geringer Zahl. In den Niederlanden wird der Kormoran nicht verfolgt, da sich der Bestand „auf sehr hohem Niveau" stabilisiert hat. Foto: Peter Steiner

Lachmöwe
(Chroicocephalus ridibundus)
Länge 34–37 cm; Spannweite 100–110 cm

Häufiger Jahresvogel am Bodensee. Größte Brutkolonien im Rheindelta/A und im Wollmatinger Ried/D. Abnehmender, jährlich wechselnder Brutbestand von etwa 1000 bis 1500 Brutpaaren. Zuzug von Wintergästen aus dem Norden vor allem von November bis Januar.

▼ Laut rufend und in Balzpose nähert sich eine Lachmöwe der Brutkolonie. Die dunklen und hellbraunen Gefiederanteile kennzeichnen sie als Jungvogel vom Vorjahr.

Alte Lachmöwe im Brutkleid bei der Jagd auf eine fliegende Eintagsfliege. Lachmöwen sind in allen Kleidern an ihren weißen, dunkel eingefassten Außenflügeln zu erkennen.

Lachmöwen im Spätwinter im Hafenbereich am Bodensee, angelockt durch zugeworfene Futterbrocken. Dabei lassen sich ihre akrobatischen Flugmanöver aus der Nähe erleben. Die Vögel sind noch überwiegend im Winterkleid, mit weißem Kopf und schwarzem Ohrfleck.

Möwen

Lachmöwen-Paar bei der Balz. Die Geschlechter sind gleich gefärbt.

Blick in eine Lachmöwen-Brutkolonie bei der Brutablösung am rechten Nest.

▲ Lachmöwchen im Dunenkleid mit Elternvogel. Jungmöwen erkunden schon in den ersten Lebenstagen die nähere Nestumgebung.

Eine Lachmöwe würgt Nahrung zur Fütterung ihrer beiden halbwüchsigen, bettelnden Jungen hervor. Diese haben ihr Dunenkleid teilweise schon durch dauerhafte Konturfedern ersetzt.

▲ Heringsmöwe *(Larus fuscus)*
L 52–60 cm; S 135–150 cm
Altvögel sind an ihrem dunkelschiefergrauen bis schwarzen ‚Mantel' gut von Silber- und Mittelmeermöwen zu unterscheiden. Am Bodensee ein regelmäßiger nordischer Durchzügler und seltener Wintergast von August bis Mai.

▲ Sturmmöwe *(Larus canus)*
L 40–42 cm; S 110–120 cm
Etwas größer als die Lachmöwe; wie eine kleine, kompakte Form der Weißkopf- und Silbermöwe. Am Bodensee häufiger Durchzügler und Wintergast. Seltener Brutvogel im Rheindelta. Oft zusammen mit Lachmöwen in Städten und Hafenanlagen.

◀ Schwarzkopfmöwe *(Larus melanocephalus)*
L 36–38 cm; S 100–110 cm
Häufig mit der Lachmöwe vergesellschaftet, aber etwas größer, kompakter und heller und ohne weißen Flügelvorderrand. Altvogel ohne Schwarz im Flügel. Seltener Durchzügler und Wintergast am Bodensee, einzelne Brutpaare im Rheindelta. Hier verjagt eine Flussseeschwalbe (links) einen Altvogel aus ihrem Nestbereich.

Möwen

◀ Zwergmöwe *(Hydrocoloeus minutus)*
L 25–27 cm; S 75–80 cm
Weltweit kleinste Möwe mit kompakter Gestalt und runden Flügeln; mit rasanter, wendiger Flugweise. Färbung ähnlich der Lachmöwe; ohne weißen Flügelvorderrand. Regelmäßiger Durchzügler am Bodensee. Im Frühjahr, Sommer und Herbst oft in kleinen Gruppen über den Flachwasserbereichen auf der Flugjagd nach Insekten.

▲ Mantelmöwe *(Larus marinus)*
L 64–78 cm; S 150–180 cm
Weltweit größte und kräftigste Möwe. Der Altvogel gleicht der Heringsmöwe, hat aber einen längeren, stärkeren Schnabel und hellrosarote Beine. Als regelmäßiger nordischer Gast in geringer Zahl am Bodensee, vor allem von August bis März. Ein Altvogel beim Versuch des Nahrungsschmarotzens: Seite 30.

Altvogel mit im Ruhekleid braun gesprenkeltem Kopf und dunklen Anteilen am Schnabel

Möwen

Altes Paar im Brutkleid mit erbeutetem Blässhuhn

▲▲ Mittelmeermöwe *(Larus michahellis)* ▲▶
L 52–58 cm; S 120–140 cm

Gleicht der Silbermöwe, Altvogel jedoch mit gelben Beinen. Häufigste Großmöwe am Mittelmeer. Im Sommer verstärkter Zuzug an den Bodensee, hier Jahresvogel und neuer Brutvogel mit alljährlichen Bruten seit 1987. Rechts ein Jungvogel mit überwiegend braunen Gefiederanteilen. Alle Großmöwen sind ‚Vier-Jahres-Möwen', deren Gefieder erst in diesem Alter ausgefärbt ist. Das erschwert die Bestimmung der Jungvögel. Die sehr ähnliche **Steppenmöwe** *(Larus cachinnans)* wird seit Kurzem als eigene Art betrachtet. Sie ist ganzjähriger Gast aus dem Osten, am häufigsten im Winter.

Silbermöwe ▶
(Larus argentatus)
L 54–60 cm; S 123–148 cm

Häufigste Großmöwe an den Küsten von Nord- und Ostsee; mit fleischfarbenen Beinen. Jahresvogel am Bodensee; überwiegend von September bis März anwesend und hier weit seltener als die sehr ähnliche Mittelmeermöwe, die früher ebenso wie die Steppenmöwe als Unterart der Silbermöwe angesehen wurde.

Reiher

Junger, noch nicht flugfähiger Graureiher im Horst

Häufig trifft man Graureiher, aber auch Silberreiher außerhalb von Gewässern an. Hier jagt ein Altvogel Mäuse auf einer Viehweide.

▲ Graureiher-Paar mit Jungen im Horst. Der soeben gelandete Altvogel wird von den lautstark bettelnden Jungen zum Auswürgen der Nahrung animiert.

Graureiher
(Ardea cinerea)
Länge 90–98 cm
Spannweite 160–175 cm

Graureiher sind die häufigsten heimischen Reiher und können ganzjährig am Bodensee beobachtet werden. Alte Graureiher bekommen bereits im Winter einen leuchtend orangeroten Schnabel und lange Schmuckfedern im Nacken. Sie brüten schon im März, im Bodenseegebiet mit etwa 200 Paaren.

Alter Graureiher, mit schon ausgestrecktem Hals im eleganten Landeanflug

Junger Graureiher am Ende des ersten Lebensjahres. Im strengen Winter erleiden Jungvögel oft hohe Verluste.

Junger Graureiher im Streckenflug. Reiher fliegen mit eingezogenem Hals, im Gegensatz zu Störchen, Kranichen und Gänsen.

▼▲◥ Silberreiher *(Casmerodius albus)*
L 85–102 cm; S 140–170 cm

Schlanker, eleganter weißer Reiher, so groß wie der Graureiher. In zunehmender Zahl am Bodensee erscheinender Gast, auch überwinternd. Potentieller künftiger Brutvogel. *Bild links:* Vogel im Streckenflug. *Bild Mitte:* Mit erbeuteter Feldmaus (Foto: Peter Steiner). *Bild rechts:* Im Wasser auf Beute lauernd.

Ausgewachsener Jungvogel, an Rohrdommel erinnernd

◀◣ Nachtreiher *(Nycticorax nycticorax)*
L 58–65 cm; S 105–112 cm

Gedrungener mittelgroßer Reiher mit großem Kopf und kurzen Beinen. Alljährlicher Gast am Bodensee von April bis September. In Einzelpaaren Brutvogel im Rheindelta.

Altvogel

▲ Rohrdommel *(Botaurus stellaris)*
L 70–80 cm; S 125–135 cm

Kräftiger großer Reiher mit hervorragender Tarnfärbung; bewohnt ausgedehnte Röhrichte. Von September bis März regelmäßiger Gast in den großen Riedgebieten des Bodensees. Gelegentlich wurden Bruten nachgewiesen.

▲ Kuhreiher *(Bubulcus ibis)*
L 48–53 cm; S 90–96 cm

Kleiner und gedrungener, überwiegend weißer Reiher mit kurzem Schnabel. Von April bis August gelegentlicher Gast im Bereich der großen Bodenseeriede.

◀ Zwergdommel *(Ixobrychus minutus)*
L 33–38 cm; S 52–58 cm

Kleinster, nur taubengroßer Reiher. Sommervogel, der in Afrika überwintert. Am Bodensee nur seltener Brutvogel mit etwa zehn Paaren. Lebt und jagt meist versteckt am Schilfrand. Hier ein ausgewachsener Jungvogel.

▲ **Rallenreiher** *(Ardeola ralloides)*
L 44–47 cm; S 80–92 cm
Überwiegend weiß gefärbter Reiher, etwas kleiner als der Kuhreiher. Seltener Durchzügler im Rheindelta im Mai und Juni, gelegentlich auch übersommernd.

▲ **Seidenreiher** *(Egretta garzetta)*
L 55–65 cm; S 90–105 cm
Sehr schlanker, eleganter weißer Reiher; viel kleiner als der Silberreiher. Leicht erkennbar an den zu den schwarzen Beinen kontrastierenden gelben Zehen. Alljährlicher Durchzügler, besonders im Rheindelta. Potentieller künftiger Brutvogel.

▼▶ **Purpurreiher**
(Ardea purpurea)
L 78–90 cm; S 120–150 cm
Bunter und etwas kleiner und schlanker als der Graureiher. Bewohnt große Schilfflächen. Alljährlicher Durchzügler am Bodensee; unregelmäßiger Brutvogel in Einzelpaaren im Rheindelta. *Bild rechts:* Altvogel im Flug. *Bild unten:* Jungvogel im typischen Nahrungsbiotop.

Reiher

Schon im Spätwinter beginnt die Auseinandersetzung um die besten Brutreviere. Hier sind zwei Blässhuhn-Paare mitten im spektakulär und lautstark ausgetragenen Revierkampf, der selten ohne Blessuren abgeht.

Blässhuhn
(Fulica atra)
Länge 36–38 cm
Spannweite 70–80 cm

Bekannter Wasservogel, größte und häufigste heimische Ralle. Am Bodenseeufer und auf Kleingewässern der Umgebung etwa 1800 Reviere. Durch nordische Zuwanderer und Durchzügler im November und Dezember bis zu 60 000 Vögel.

Die sonst weit auf der Wasserfläche verteilten Blässhühner schließen bei Gefahr dicht auf, hier wegen einer angriffsbereiten Großmöwe (nicht im Bild). Sie reagieren ähnlich bei Attacken von Greifvögeln, etwa vom Habicht und – am Bodensee noch sehr selten – Seeadler. Kolbenenten (vorne) schließen sich dem Pulk an. Über dem Wasser jagt eine Rauchschwalbe nach Insekten (links oben).

Von allen Wasservögeln lassen sich Blässhühner am ehesten auch von belebten Ufern aus bei der Brut beobachten, ohne dass sie sich gestört fühlen. Hier sind die ersten beiden Jungen schon geschlüpft, ein weiteres beginnt, mit dem Eizahn das Ei zu öffnen.

▲ Bei der Brutablösung im Hafen von Überlingen/D (29.4.2015). Weite Bereiche des Bodenseeufers sind verbaut oder betoniert und bieten Vögeln und Fischen wenig Raum zur Fortpflanzung. Die mit Menschen vertrauten Blässhühner nutzen allerdings jede halbwegs sichere Stelle zur Nestanlage.

◀ Nach dem Schlupf gewöhnen sich Junge und Elternvögel rasch aneinander, wenn sie nicht gestört werden. Beide Eltern führen und füttern den Nachwuchs.

▲ Drei Wochen alter Jungvogel im zweiten Dunenkleid. Auffallend sind die für Rallen typischen Laufbeine mit langen Zehen.

▼ Teichhuhn mit 20 Tage altem Jungvogel bei einer Ruhepause auf dem Nest am Seeufer.

Teichhuhn
(Gallinula chloropus)
Länge 32–35 cm; Spannweite 50–55 cm

Im Bodenseegebiet rückläufiger Brutbestand mit weniger als 200 Revieren. Lebt versteckter und heimlicher als das größere Blässhuhn, oft an Kleingewässern und entlang von Flüssen.

Altes Teichhuhn-Paar im Frühjahr

▶ Teichhühner brüten oft zweimal im Jahr. Dann helfen wie hier die Jungen aus der Erstbrut häufig bei der Führung und Fütterung der Jungen aus der Zweitbrut. Bei sozial lebenden Vögeln ist eine solche Brutfürsorge durch ältere Geschwister nicht selten, etwa bei Schwalben, Sperlingen und Blässhühnern.

▲ Tüpfelsumpfhuhn
(Porzana porzana)
L 22–24 cm; S 37–42 cm

Durchzügler im Frühjahr und Herbst. In wenigen Paaren Brutvogel am Bodensee. Lebt meist versteckt im Röhricht. Hier ein Jungvogel bei Niedrigwasser in Ermatingen/CH auf Nahrungssuche im ufernahen Schlick. Die kleineren Sumpfhühner – Kleines Sumpfhuhn und Zwergsumpfhuhn – sind am Bodensee sehr selten.

▲ Wachtelkönig
(Crex crex)
L 27–30 cm; S 46–53 cm

Versteckt lebende Ralle, die fast nur durch ihren eintönigen, meist nachts vorgetragenen ‚hölzernen' Balzgesang auffällt. Früher verbreiteter Brutvogel in extensiv genutztem Wiesengelände, vorwiegend im Rheindelta. Heute keine regelmäßigen Bruten mehr im Bodenseegebiet. Sommervogel, der in Afrika überwintert. Zu Schutzmaßnahmen siehe Seite 121–122.

▲ Wasserralle *(Rallus aquaticus)*
L 23–28 cm; S 38–45 cm

Lebt meist versteckt im Röhricht. Auffallend sind ihre lauten, an Schweinegrunzen erinnernden Rufe. Brutvogel am Bodensee mit mehr als 150 Revieren, überwiegend im schilfreichen Westteil. Zugvogel; nur wenige Vögel überwintern.

Kranich *(Grus grus)* ▶
L 110–120 cm; S 220–245 cm

Mit den Rallen verwandter, majestätischer Schreitvogel, größer als der Storch. Mit der Erholung der Brutbestände im nördlichen Mitteleuropa heute wieder regelmäßiger Durchzügler im zeitigen Frühjahr und Spätherbst. Die fliegenden Vögel erscheinen wie riesige langhalsige Gänse; sie fliegen in V-Formation und fallen durch ihre trompetenden ‚kruh'-Rufe auf. Rastgebiete sind Felder und Feuchtgebiete. Zu den Chancen seiner Ansiedlung als Brutvogel im Bodenseegebiet siehe Seite 120–125.

Rallen

Über dem See rüttelnd auf Nahrungssuche

▲▼◀ **Flussseeschwalbe** *(Sterna hirundo)* / L 31–35 cm; S 75–85 cm
Eleganter stromlinienförmiger Vogel mit schmalen, spitz zulaufenden Flügeln. Erbeutet durch Stoßtauchen oft kleine Wassertiere wie Fischchen, Krebschen und Insekten. Als Durchzügler und Brutvogel von Mai bis September oft am Bodensee zu beobachten. Etwa 200 Brutpaare, vor allem im Rheindelta und im Wollmatinger Ried.

Flügger, noch nicht vollständig ausgewachsener Jungvogel mit noch kurzen Flügeln und braunen Gefiederanteilen auf der Oberseite

Altvogel im raschen Flug über dem Wasser auf der Jagd nach fliegenden Insekten

◀ **Raubseeschwalbe** *(Hydroprogne caspia)*
L 47–54 cm; S 130–145 cm

Größte Seeschwalbe, einer Großmöwe ähnlich. Mit gewaltigem, leuchtend rotem Schnabel und schwarzen Beinen. Am Bodensee regelmäßiger Durchzieher im Frühjahr und im Herbst.

Küstenseeschwalbe *(Sterna paradisaea)*
L 33–38 cm; S 75–85 cm ▶

Sehr ähnlich der Flussseeschwalbe, aber Altvogel im Brutkleid mit vollständig rotem Schnabel (ohne schwarze Spitze) und längeren Schwanzspießen. Regelmäßiger Durchzügler am Bodensee, der meist übersehen wird. Einzelne Bruten am Bodensee kommen vor. Beobachtet wurde eine erfolgreiche Brut mit einem Mischpaar Fluss-/Küstenseeschwalbe.

Altvogel mit erbeutetem kleinem Krebs

Seeschwalben

Brandseeschwalbe ▶ *(Sterna sandvicensis)*
L 36–41 cm; S 95–105 cm

Kurzschwänzige, schlanke und recht hell gefärbte Seeschwalbe mit langem schwarzem Schnabel und dunklen Beinen. Am Bodensee regelmäßiger, allerdings nur spärlich registrierter Durchzügler.

Zwergseeschwalbe *(Sterna albifrons)* / L 22–24 cm; S 51–56 cm) ▲

Flug flatternd und ruckartig. Im Brutkleid (im Bild) am gelben Schnabel mit schwarzer Spitze und der hellen Stirn zu erkennen. Regelmäßiger Gast in wenigen Exemplaren im Rheindelta von Mai bis September.

Trauerseeschwalbe *(Chlidonias niger)*
L 22–24 cm; S 64–68 cm ▶

Kleine Seeschwalbe mit eher kurzen Flügeln und kurzem Schwanz. Altvögel im Brutkleid sind am schwarz-grauen Körper zu erkennen, am dunkelsten sind Kopf und Körperunterseite. Hier im Schlichtkleid mit weißer Unterseite und markanter Kopfzeichnung. Von April bis September am Bodensee zu beobachten. Über den Flachwasserzonen oft größere durchziehende Verbände bis über 500 Vögel. Auf der Flugjagd nach Insekten werden diese meist von der Wasseroberfläche gepickt. Regelmäßig, aber in viel kleinerer Zahl, zieht die sehr ähnliche Weißflügelseeschwalbe (erkennbar an der deutlich helleren Flügeloberseite) durch.

Weißbartseeschwalbe ▶ *(Chlidonias hybrida)*
L 23–25 cm; S 74–78 cm

Kleine Seeschwalbe, etwas größer und massiger als die Trauerseeschwalbe. Im abgebildeten Brutkleid dunklere Unterseite, kürzere Flügel sowie kürzerer, weniger gegabelter Schwanz als bei der Flussseeschwalbe. Seltener Durchzügler am Bodensee, meist von April bis Juni; brütete früher vereinzelt.

Weißstorch
bei der Nahrungssuche

Störche

◀▲ **Weißstorch**
(Ciconia ciconia)
L 100–115 cm; S 175–195 cm
Bekanntester großer Schreitvogel. Ehemaliger Brutbestand im Bodenseegebiet 1966 ausgestorben. Seit 1977 Wiederansiedlungsprogramm, das aufgrund von Biotopverbesserungen und vor allem durch starke Reduktion der Haupttodesursache, Stromschlag an ‚Killermasten', erfolgreich verlief. Heute wieder verbreiteter Brutvogel im nordwestlichen Bodenseegebiet; zahlreicher Durchzügler, einige Vögel der ausgewilderten Population überwintern.

Grasfrosch

◀ **Schwarzstorch**
(Ciconia nigra)
L 95–100 cm; S 165–180 cm
Waldbewohnender, heimlich lebender Schreitvogel. Vom Weißstorch leicht durch das schwarze Erscheinungsbild zu unterscheiden. Regelmäßiger, spärlicher Durchzügler von März bis Mai und August bis Oktober. Als Brutvogel in die Region zwischen Bodensee und Donau zurückgekehrt (etwa fünf Paare).

Ibisse und Flamingo

▲ Waldrapp *(Geronticus eremita)*
L 70–80 cm; S 125–135 cm

Mittelgroßer, massiger, dunkel gefärbter Ibis. Ehemals verbreiteter Brutvogel; in Mitteleuropa bereits im Mittelalter aufgrund der Verfolgung durch den Menschen ausgerottet. In Ägypten und im Nahen Osten lange als heilig verehrt. Heute weltweit extrem selten, von der vollständigen Ausrottung bedroht. Im Bodenseeraum tauchten jüngst einzelne Jungvögel aus dem österreichisch-deutschen Wiederansiedlungsprogramm auf. Sofern der internationale Naturschutz nicht versagt, könnten schon bis zum Jahr 2020 wieder wild lebende Vögel im Bodenseeraum brüten (siehe Seite 120 und 125).

▼ Rosaflamingo *(Phoenicopterus ruber)*
L 125–155 cm; S 140–165 cm

Gelegentlicher Gast in den Flachwasserzonen des Bodensees. Da Flamingos häufig gehalten werden, könnte es sich um Gefangenschaftsflüchtlinge handeln, darunter der sehr ähnliche Chileflamingo. Hier ein Altvogel, der wie zahlreiche andere Wasservögel zum Auffliegen auf dem Wasser beschleunigt.

▼ Löffler *(Platalea leucorodia)*
L 80–90 cm; S 115–130 cm

Weißer, großer Wasservogel, an einen kräftig gebauten weißen Reiher erinnernd. Kennzeichnend ist der breite, lange, am Ende löffelförmig verbreiterte Schnabel. Am Bodensee nahezu jährlich registrierter Gast mit einem bis gleichzeitig sieben Vögeln. Altvögel im Brutkleid sind erkennbar an einer Federhaube, gelber Brust und gelber Schnabelspitze.

◄ Sichler *(Plegadis falcinellus)*
L 55–65 cm; S 80–95 cm

Mittelgroßer schlanker, schwärzlicher Schreitvogel der Sümpfe mit langem, stark abwärts gebogenem Schnabel. Am Bodensee kein alljährlich registrierter Gast.

◀ Schmarotzerraubmöwe
(Stercorarius parasiticus)
L 41–46 cm; S 110–120 cm

Von den vier europäischen Raubmöwen ist die Schmarotzerraubmöwe die häufigste am Bodensee registrierte Art. Alljährlich werden von Mai bis November einzelne, gelegentlich auch in kleinen Gruppen durchziehende Vögel angetroffen.
Im Bild ein Altvogel (links) bei der typischen Verfolgung einer Möwe. Vögel mit vollem Kropf werden gezielt verfolgt und würgen im Stress ihre Nahrung aus, welche die Raubmöwe übernimmt.

Raubmöwen

Raubmöwen sind gößere Seevögel und nahe verwandt mit den Möwen. Sie brüten auf Meeresinseln, an Küsten und in Mooren des Nordens. Außerhalb der Brutzeit ziehen sie über die Meere. Ein kleiner Teil wählt auf dem Flug in südliche Meeresgebiete die Abkürzung über Land. Der Bodensee lädt zur Rast ein; alle vier europäischen Arten werden gelegentlich registriert.

▲ Spatelraubmöwe
(Stercorarius pomarinus)
L 46–51 cm; S 125–135 cm

Jungvogel mit typischen hellen Halbmondflecken auf der Unterseite der Handflügel. Ansonsten sind junge Raubmöwen der drei kleinen Arten kaum zu unterscheiden.

▲ Skua *(Stercorarius skua)*
L 53–58 cm; S 135–145 cm

Die größte und schwerste Raubmöwe. So groß wie die Silbermöwe, aber viel kompakter, kräftiger und mit breiteren Flügeln. Leicht an Größe und Gestalt zu bestimmen. Auch Altvögeln fehlen die Schwanzspieße. Am Bodensee gibt es zahlreiche, aber nicht alljährlich gesicherte Nachweise.

▲ Falkenraubmöwe
(Stercorarius longicaudus)
L 48–53 cm; S 105–115 cm

Die kleinste Raubmöwe. Altvogel mit den längsten Schwanzspießen. Am Bodensee werden nahezu alljährlich Durchzügler registriert.

Männchen im Prachtkleid

Vorn: Männchen in Umfärbung, hinten: Männchen bereits im Prachtkleid

▲◀▶ **Gänsesäger**
(Mergus merganser)
L 58–72 cm; S 86–102 cm

Großer schlanker Tauchvogel mit einem mähnenartigen Schopf. Das Männchen ist im Prachtkleid überwiegend schwarz-weiß gezeichnet, sonst grauer und mit braunem Kopf. Jahresgast am Bodensee mit größeren Mausertrupps im Sommer, aber sehr seltener Brutvogel. Ernährt sich wie die anderen Säger überwiegend von Weißfischchen.

Zwei Weibchen

Säger

Männchen in der Mauser zum Prachtkleid

Weibchen

▲▲ **Mittelsäger** *(Mergus serrator)*/L 52–58 cm; S 70–86 cm
Ähnlich Gänsesäger, doch viel seltener, auch kleiner und schlanker; abstehender Schopf lockerer und lichter. Am Bodensee regelmäßiger Durchzügler und Wintergast von Oktober bis Mai.

Männchen im Prachtkleid

Weibchen

▲▲ **Zwergsäger** *(Mergellus albellus)*/L 38–44 cm; S 55–69 cm
Tauchender kleiner Entenvogel, nur wenig größer als die Krickente. Männchen im Prachtkleid unverkennbar, überwiegend weiß mit schwarzer Zeichnung. Sonst weitgehend grau gefärbt, mit kastanienbrauner Kopfplatte und heller Kehle. Überwintert am Bodensee von November bis März in geringer, jährlich stark wechselnder Anzahl.

Altvogel mit gelbem Schnabel und hellem Kopf

Jüngerer Vogel mit noch schwarzem Schnabel und dunklerem braunen Gefieder. Am Bodensee erscheinen vor allem solche immaturen Vögel auf der Suche nach geeigneten neuen Bruthabitaten.

▲ ◤ **Seeadler** *(Haliaeetus albicilla)*/L 76–92 cm; S 190–240 cm
Sehr großer, massiger Vogel. Flügel sehr breit und brettartig, mit ausgeprägten ‚Fingern'. Schwanz kurz und keilförmig. Insgesamt geierartiges Flugbild. In Europa selten geworden. Aufgrund guter Schutzgesetze wieder regelmäßig registrierter Gast. Abhängig vom Grad der Durchsetzung unserer Schutzgesetze früher oder später Brutvogel am Bodensee. Nimmt gerne Aas, daher oft Opfer krimineller Vergiftungsaktionen.

Typisches Flugbild des Rotmilans

Flugbild des Schwarzmilans

▲▼ ◤ **Schwarzmilan** *(Milvus migrans)*
L 48–58 cm; S 130–155 cm
Mittelgroßer Greifvogel mit leicht gegabeltem Schwanz, etwas größer und langflügliger als der Mäusebussard. Dunkelbraun mit helleren Oberflügeldecken und hellerem Kopf. Eleganter Segelflieger, nimmt gern Aas auf (Bilder oben rechts und unten). Von April bis Oktober oft und überall am Bodensee zu sehen. Über 300 Brutpaare.

Rotmilan *(Milvus milvus)* ▲
L 61–72 cm; S 140–165 cm
Größter derzeit im Bodenseeraum brütender, eleganter Greifvogel. Viel größer und langflügliger als der Mäusebussard sowie heller, größer und bunter als der Schwarzmilan. Mit tief gegabeltem, rötlichem Schwanz und hellem Dreieck auf den Unterflügeln. Seltener als der Schwarzmilan, doch zunehmend dank verbesserter Schutzmaßnahmen und Entschärfung der ‚Killermasten' in Deutschland. Zugvogel, überwintert in Südeuropa und immer öfter auch im Bodenseegebiet.

Artinternes Fitnesstraining: Ein Schwarzmilan hat sich Reste eines ‚Roadkills' von der Straße gepflückt (links). Er wird von zwei Artgenossen verfolgt, die ihm den Happen missgönnen.

Greifvögel

▼◄► **Gänsegeier** *(Gyps fulvus)*
L 95–110cm; S 230–265 cm

Sehr großer Geier. Flügel lang, breit, mit sehr tief eingeschnittenen fingerartigen Handschwingen, Schwanz sehr kurz. Meist hoch im Aufwind segelnd zu sehen. Mit der Verbreitung moderner Schusswaffen wurde der mitteleuropäische Brutbestand ausgerottet. Aufgrund der Einhaltung strenger Schutzgesetze in Südwesteuropa Erholung der französischen und spanischen Populationen. Seit 2006 wieder alljährlich registrierte Einflüge nach Mitteleuropa, auch in den Bodenseeraum (Einzelvögel und Gruppen von bis zu fünf Vögeln). Hier gefährdet durch Nahrungsentzug. Haben wandernde Geier ein totes Weidetier entdeckt, darf dieses nicht entfernt werden. Hier hat der Artenschutz Vorrang (juristische Auskunft: Ministerium für ländlichen Raum [MLR] Baden-Württemberg).

▼ Einschwebender Gänsegeier im Landeanflug. Jüngerer Vogel mit noch schwarzem Schnabel und brauner Halskrause. Überwiegend solche jüngeren Vögel kommen auf ihren natürlichen Wanderrouten nach Mitteleuropa.

▲ Altvogel mit hellem graugelbem Oberschnabel und weißer Halskrause.
▼ Sich schüttelnder jüngerer Vogel nach der Landung.

▲▼**Wespenbussard** *(Pernis apivorus)*
L 52–59 cm; S 113–135 cm

Mittelgroßer Greifvogel, dem Mäusebussard ähnlich. Wie bei diesem Gefieder sehr variabel, jedoch mit mehreren breiten Querbinden in Flügel und Schwanz; Gestalt schlanker. Spärlicher Brutvogel im Bodenseegebiet. Zieht regelmäßig durch, oft in größeren Gruppen im Mai, häufiger im August/September. Der Wespenbussard ist ein Nahrungsspezialist, der neben Beeren und Früchten vor allem Insekten frisst – bevorzugt die Larven von Wespen, die er mit seinem schlanken Schnabel aus den Waben pickt.

Greifvögel

Greifvögel

Ausgewachsener Jungvogel; helle Morphe

Altvogel; dunkle Morphe

◀▼▲ **Mäusebussard** *(Buteo buteo)*
L 48–56 cm; S 110–130 cm
Häufigster heimischer, mittelgroßer, kompakter und breitflügliger Greifvogel. Seine Grundfärbung variiert von Dunkelbraun bis fast Weiß. Häufiger Jahresvogel im Bodenseeraum. Winterflüchter, der bei starkem Frost, verbunden mit hohen Schneelagen, in großer Zahl nach Süden zieht.

▲ Halbwüchsige Rohrweihen im Schilfnest. Im weiteren Nestbereich sollte nur ganz kurzfristig, etwa zur Beringung der Jungen, gestört werden.

▼ Nach dem Ausfliegen werden die Jungen noch von den Eltern gefüttert (Bettelflugphase). Die Beuteübergabe erfolgt spektakulär im Flug. Ein effektives Training, bevor sich die Jungvögel selbst ernähren müssen (oben der Elternvogel).

◀▼▲ **Rohrweihe** *(Circus aeruginosus)*
L 43–55 cm; S 115–140 cm
Größte Weihe. So groß wie ein Mäusebussard, aber mit schlankerem Körper, langen Flügeln und langem Schwanz. Oben im Bild ein ausgefärbtes altes Männchen. Der Vogel gaukelt im niedrigen Gleitflug mit leicht V-förmig nach oben gehaltenen Flügeln über seinem Nahrungsrevier. Weihen verzehren ihre Beute und rasten vor allem am Boden. Brütet nur noch sehr selten am Untersee in weitgehend ungestörten Röhrichten. Regelmäßiger Durchzügler von März bis Mai und August bis Oktober, gelegentlich bis zum Winter anwesend.

Weibchen (von oben gesehen) mit den typischen weißen Oberschwanzdecken

Portrait eines Weibchens. Deutlich ist der eulenartige Gesichtsschleier zu sehen, der den Weihen besseres Hören ermöglicht und so die Jagd in dichter Vegetation erleichtert.

▲ **Kornweihe**
(Circus cyaneus)
L 42–55 cm; S 97–118 cm
Etwas kleiner und schlanker als die Rohrweihe. Schwanz länger, Oberschwanzdecken weiß. Von Oktober bis April regelmäßiger Durchzügler und Wintergast in den großen Riedgebieten am Bodensee. Schlafgesellschaften von bis zu etwa 40 Vögeln.

Wiesenweihe ▶
(Circus pygargus)
L 39–50 cm; S 96–116 cm
Etwas kleiner und schlanker als die Kornweihe. Männchen mit zwei schwarzen Binden und rotbraunem Muster auf der Flügelunterseite. Als Brutvogel im Bodenseegebiet verschwunden, aber regelmäßiger Durchzügler im April, Mai, August und September. Überwintert im tropischen Afrika. Wiederkehr nach Verbesserung der Biotopqualität möglich.

Ausgefärbtes altes Männchen im Jagdflug

Männchen mit erbeuteter junger Wacholderdrossel

▲◥ **Sperber** *(Accipiter nisus)* / L 29–41 cm; S 58–80 cm
Weibchen viel größer als Männchen. Ähnlich dem Habicht Gestalt mit breiten Flügeln und langem Schwanz, aber viel kleiner. Handflügel kürzer und weniger spitz als beim Turmfalken. Äußerst gewandter Jäger, der sich vor allem von kleinen Singvögeln ernährt. Jahresvogel, verbreiteter Brutvogel und Durchzügler im Bodenseegebiet. Viel seltener als der Turmfalke.

Habicht *(Accipiter gentilis)* / L 49–64 cm; S 90–120 cm ▶
Mittelgroßer, kräftiger Greifvogel mit breiten Flügeln und langem Schwanz. Weibchen viel größer als Männchen (60 % schwerer). Sehr wendiger Jäger, der seine Beute, kleine und mittelgroße Vögel sowie Säugetiere, im rasanten Überraschungsangriff schlägt. Im Bodenseegebiet verbreiteter, seltener Brutvogel in großen Wäldern. Meist im Herbst und Winter in den Rieden zu sehen. Im Bild ein altes Männchen; typisch sind die starken Fänge und das schnittige Erscheinungsbild (siehe auch Seite 105 und 113).

Greifvögel

Wanderfalken leben vorwiegend von staren- bis krähengroßen Vögeln, die sie in rasantem Verfolgungsflug im freien Luftraum erbeuten.

Typisches schnittiges Flugbild eines alten Wanderfalken-Männchens

▲◤ Wanderfalke *(Falco peregrinus)*
L 38–51 cm; S 89–113 cm

Gut krähengroßer Großfalke. Weibchen wesentlich größer und kompakter als Männchen. Elegantes, stromlinienförmiges Flugbild mit spitzen Flügeln und kurzem Schwanz. Jahresvogel am Bodensee, der seit den 1980er Jahren wieder in wenigen Paaren brütet. Im Winterhalbjahr Zuzug von nordischen Vögeln. Hier ein altes Weibchen mit Beute, am Bodensee häufig Lachmöwen.

Greifvögel

Das alte Rotfußfalken-Männchen ist leicht an seinem rußgrauen Gefieder mit den roten Hosen und Fängen zu bestimmen.

Altes Turmfalken-Männchen. Bei hohem Schnee sind Feldmäuse nicht mehr erreichbar. Ein Teil der Vögel weicht dann nach Süden aus (Winterflucht).

▲ Rotfußfalke *(Falco vespertinus)*
L 28–34 cm; S 65–76 cm

Kleiner Falke mit grauem Rücken. Gestalt ähnlich der des Turmfalken. Überwintert im tropischen Afrika. Am Bodensee regelmäßiger, spärlicher Durchzügler von Mai bis Juni und August bis Oktober; hat schon gebrütet.

▲ Merlin *(Falco columbarius)*
26–33 cm; S 55–69 cm

Kleinster europäischer Falke. Lebt überwiegend von Kleinvögeln, die er in raschem, bodennahem Jagdflug erbeutet. Am Bodensee von September bis April regelmäßiger, spärlicher Durchzügler und Wintergast aus dem Norden. Übernachtet im dichten Rohrwald. Hier ein Merlin auf einem Acker nach Verzehr seiner Beute. An der Rupfung (hier das übrig gebliebene Großgefieder) lässt sich der erbeutete Vogel als Buchfink bestimmen.

▲ Turmfalke *(Falco tinnunculus)* / L 31–37 cm; S 68–78 cm

Taubengroßer, rötlich gefärbter Falke mit langem Schwanz. Nach dem Mäusebussard häufigster Greifvogel. Brütet rund um den Bodensee in mehr als 300 Paaren an Gebäuden und in alten Krähennestern etc.

Baumfalke
Typisches Flugbild
eines jüngeren Vogels

Typisches
Flugbild
eines kreisenden
Fischadlers

▲▲ ▲ Baumfalke *(Falco subbuteo)*
L 29–35 cm; S 70–84 cm

So groß wie ein Turmfalke, aber mit schmalen Sichelflügeln, eher kurzem Schwanz und sehr raschem, elegantem Flug. Fängt seine Beute im Flug. Lebt bei warmer Witterung meist ausschließlich von Insekten, sonst überwiegend von Kleinvögeln. Zugvogel, der im tropischen Afrika überwintert. Am Bodensee Brutvogel mit knapp 50 Paaren und Durchzügler. Im Bild ein Baumfalke mit erbeuteter Libelle, die er gleich im Flug verzehrt. Die ‚roten Hosen' kennzeichnen ihn als ausgefärbten Altvogel. Baumfalken bei der Insektenjagd beobachtet man am besten über Flachwasser- und Röhrichtzonen.

Fischadler *(Pandion haliaetus)* ◤▶
L 52–60 cm; S 152–167 cm

Mittelgroßer Greifvogel mit langen schmalen Flügeln und kurzem Schwanz. Die überwiegend weiße Unterseite kontrastiert stark zu der dunkelbraunen Oberseite. Als vermeintlicher Fischereischädling am Bodensee als Brutvogel ausgerottet. Heute erholen sich die Bestände in Europa aufgrund guter Schutzgesetze. Am Bodensee regelmäßiger Durchzügler von März bis Mai und von August bis Oktober. Über ruhigen Flachwasserzonen kann er bei seinen spektakulären Jagdflügen beobachtet werden.

Ein Fischadler verspeist
das erbeutete Fischchen
in kleinen Happen

Greifvögel

Hühner

◀▲ **Rebhuhn** *(Perdix perdix)*
L 28–32 cm; S 45–48 cm
Kleiner, im offenen Kulturland verbreiteter Hühnervogel. Gesicht orangefarben; fein gestrichelte Oberseite. Unter dem Einfluss der intensivierten Landwirtschaft sehr selten geworden. *Bild links:* Altes Männchen mit kennzeichendem braunen Bauchschild. *Bild oben:* Altes Weibchen.

◀ **Wachtel** *(Coturnix coturnix)*
L 16–18 cm; S 32–35 cm
Kleinster, sehr versteckt lebender Hühnervogel, der meist durch seinen monotonen dreisilbigen Balzruf ‚pick-per-witt' auffällt. In Afrika überwinternder Zugvogel. Von April bis Oktober im Bodenseeraum anwesend, aber abnehmender Bestand mit einigen Dutzend Revieren. Hier ein altes Männchen mit hell-dunkler Kehlzeichnung. Gefieder sonst überwiegend einfarbig braun mit feinen Mustern.

▲ **Jagdfasan** *(Phasianus colchicus)* / L 53–89 cm; S 70–90 cm
Zu Jagdzwecken in Europa eingebürgerter Hühnervogel aus Asien. Verschiedene Unterarten des Fasans werden gezüchtet und ausgesetzt, auch im Bodenseeraum. Hier ein Männchen mit weißem Halsring (‚Ringfasan'), die hiesige im Freiland am häufigsten anzutreffende Mischform aus verschiedenen Unterarten.

▲◀ Kiebitz *(Vanellus vanellus)* / L 28–31 cm; S 82–87 cm

Großer, kurzbeiniger Regenpfeifer. Brütet in stark abnehmender Zahl am Bodensee. Auf Sumpfwiesen, Weiden und Äckern oft in größeren Trupps auf Nahrungssuche. Häufiger Durchzügler, einige wenige Vögel überwintern gelegentlich. *Bild links:* Die langen runden Flügel befähigen zu akrobatischen Flugspielen während der Balz. Dabei sind der namengebende Balzruf ‚kiwitt kiwitt' und weitere Rufe zu hören.

Austernfischer ▶
(Haematopus ostralegus)
L 40–46 cm; S 80–86 cm
Von heimischen Meeresküsten bekannter, auffällig schwarz-weißer großer Watvogel mit rotem Schnabel. Durchzügler am Bodensee, einzeln oder in kleinen Gruppen, vorwiegend im April/Mai und August/September.

▼ Stelzenläufer
(Himantopus himantopus)
L 35–40 cm; S 67–83 cm
Sehr schlanker, langbeiniger großer Watvogel. Von April bis Juni und im September seltener Gast am Bodensee in kleinen Gruppen von bis zu acht Vögeln.

Säbelschnäbler *(Recurvirostra avosetta)* / L 42–45 cm; S 77–80 cm ◢▲

Eleganter großer Watvogel, unverwechselbar mit seinem langen, aufgeworfenen Schnabel und der typischen schwarz-weißen Gefiederzeichnung. Spärlicher Durchzügler im April/Mai und im Herbst, überwinterte bereits erfolgreich, Ein Brutversuch im Wollmatinger Ried im Jahr 1971.

Watvögel

◀ **Flussregenpfeifer**
(Charadrius dubius)
L 15,5–18 cm; S 32–35 cm

Kleiner, schlanker Regenpfeifer. Bewohnt vegetationsarme Sand-, Schlamm- und Kiesflächen. Brutvogel in wenigen Paaren, vor allem im Rheindelta. Durchzügler erscheinen im April/Mai und von Juli bis Oktober. Im Bild ein balzendes Paar auf der Suche nach einem Nistplatz.

▲ **Sandregenpfeifer**
(Charadrius hiaticula)
L 18–20 cm; S 48–57 cm

Etwas größer und kräftiger als der Flussregenpfeifer, Beine und Schnabel sind orangegelb. Regelmäßiger Durchzügler von März bis Juni und August bis Oktober.

▲ **Seeregenpfeifer**
(Charadrius alexandrinus)
L 15–17 cm

Kleiner, zierlicher Regenpfeifer; läuft und fliegt rasch. Schnabel und Beine sind schwarz. Vom Fluss- und Sandregenpfeifer unterscheidet er sich durch ein nur angedeutetes, vorn unterbrochenes Brustband. Regelmäßiger, aber seltener Durchzügler von April bis Juni und September/Oktober.

▲
Goldregenpfeifer *(Pluvialis apricaria)*
L 26–29 cm; S 67–76 cm

Mittelgroßer, kompakt gebauter Regenpfeifer. Oberseite goldfarbig gesprenkelt. Unterseite im Schlichtkleid hell, im Brutkleid überwiegend schwarz gefärbt. Regelmäßiger spärlicher Durchzügler im März/April und September bis Dezember. Gern zusammen mit Kiebitzen auf Weiden und Feldern.

▲
Kiebitzregenpfeifer *(Pluvialis squatarola)*
L 26–29 cm; S 56–63 cm

Ähnlich Goldregenpfeifer, aber Oberseite grauer, mit schwarzem Achselfleck an der Unterflügelbasis. Am Bodensee regelmäßiger, spärlicher Durchzügler im Frühjahr und Herbst; überwintert gelegentlich. Im Bild zwei Vögel im Schlichtkleid – im Brutkleid ist die Unterseite überwiegend schwarz.

▲ **Knutt** *(Calidris canutus)*
L 23–26 cm; S 47–53 cm

Großer Strandläufer mit kurzen Beinen. Rastet regelmäßig am Bodensee auf dem Zug von den arktischen Brutgebieten in die südlichen Winterquartiere. Hier ein Vogel im hellen Schlichtkleid; im Brutkleid ist die Oberseite braun und die Unterseite rot gefärbt.

▲ **Sanderling** *(Calidris alba)*
L 18–21 cm

Kleiner, rundlicher Strandläufer. Auch er rastet auf seiner Wanderung von den arktischen Brutgebieten an südliche Meeresküsten regelmäßig, aber spärlich am Bodensee. Hier zwei Vögel im sehr hellen Schlichtkleid; im Brutkleid sind sie viel dunkler und brauner gefärbt.

Watvögel

▼◄ **Kampfläufer** ►
(Philomachus pugnax)
L 20–32 cm; S 48–58 cm

Mittelgroßer, schlanker Watvogel. Männchen viel größer als Weibchen. Meist schlicht gefärbt, aber Männchen im Prachtkleid im Frühjahr und Frühsommer prächtig gefärbt; individuell sehr unterschiedlich. Regelmäßiger, zahlreicher Durchzügler von März bis Mai und Juli bis Oktober; überwintert gelegentlich. Auf Schlammflächen, aber auch auf Wiesen und Äckern rastend.

Schwarm im Schlichtkleid

Weibchen

Männchen im Prachtkleid

▲▼**Zwergstrandläufer** *(Calidris minuta)*/L 12–14 cm; S 34–37 cm

Der kleinste der häufigen Watvögel, nur sperlingsgroß und somit deutlich kleiner als der Alpenstrandläufer, mit kürzerem, geradem Schnabel. Regelmäßiger Durchzügler am Bodensee von April bis Juni und Juli bis Oktober, bisweilen in Trupps von mehr als 50 Vögeln. Hier ein Zwergstrandläufer, der, rastlos im Schlamm stochernd, das Ufer nach Nahrung absucht. Die Schnabelspitze ist wie bei den meisten Schnepfenvögeln beweglich und mit Geschmacksnerven versehen, so dass Kleintiere unter der Oberfläche erbeutet werden können.

◄ **Temminckstrandläufer**
(Calidris temminckii)
L 13–15 cm; S 34–37 cm

Ähnlich Zwergstrandläufer, aber eher graubraun gefärbt und weniger gemustert, mit grünlich-gelben (nicht schwarzen) Beinen. Regelmäßig am Bodensee durchziehend, aber weit seltener als der Zwergstrandläufer.

Watvögel

▲▼**Alpenstrandläufer** *(Calidris alpina)*/L 16–22 cm; S 38–45 cm

Sehr geselliger, kleiner Watvogel mit deutlich abwärts gebogenem Schnabel und kurzen Beinen. Häufiger Durchzügler am Bodensee, gelegentlich in Verbänden von mehreren hundert Vögeln, und seltener Wintergast von Juli bis Mai. *Bild links:* Nahrungssuche am Seeufer. *Bild rechts:* Vogel im Schlichtkleid (Winter).

◄ **Sichelstrandläufer**
(Calidris ferruginea)
L 18–23 cm; S 42–46 cm

Ähnlich Alpenstrandläufer, aber größer und schlanker. Im Prachtkleid mit rostroter Färbung an Kopf und Unterseite. Regelmäßiger Durchzügler, aber viel seltener als Alpenstrandläufer. Im Bild ein Vogel im Schlichtkleid.

▲◥ **Bekassine** *(Gallinago gallinago)*/L 25–27 cm; S 44–47 cm
Häufige, meist in der Vegtation versteckt lebende Sumpfschnepfe mit sehr langem Schnabel, kurzen Beinen und kräftig gestreiftem und geflecktem Gefieder. Abnehmender Brutbestand in den Feuchtwiesen am Bodensee mit nur noch wenigen Paaren. Häufiger Durchzügler und seltener Wintergast. Die Abbildung links zeigt ein Männchen beim Balzflug. Im raschen Abwärtsflug erzeugt es mit den steifen äußeren Schwanzfedern das typische ziegenartige Meckern – was ihm den Namen ‚Himmelsziege' eingebracht hat.

Zwergschnepfe ▶
(Lymnocryptes minimus)
L 17–19 cm; S 38–42 cm

Sehr kleine Schnepfe, viel kleiner als die Bekassine und mit kürzerem Schnabel. Sie lebt meist versteckt in vegetationsreichem Sumpf und drückt sich bei Annäherung. Am Bodensee seltener, aber regelmäßiger Durchzügler und Wintergast von September bis April. Der Vogel im Bild verharrt reglos und ist nur schwer zu entdecken.

Waldschnepfe ▶
(Scolopax rusticola)
L 33–35 cm

Gedrungener, taubengroßer, meist versteckt lebender Waldvogel, dessen gesprenkeltes und geflecktes Gefieder ganz wie bei Eulen eine hervorragende Tarnfärbung gewährleistet. Am Bodensee seltener Brutvogel und Durchzügler, der gelegentlich auch überwintert.

Watvögel

Watvögel

▲ Pfuhlschnepfe
(Limosa lapponica)

L 37–41 cm; S 70–80 cm

Ähnliche Erscheinung wie die Uferschnepfe, aber anders als diese mit leicht aufgeworfenem Schnabel, etwas kürzeren Beinen, unauffälligerem Flügelmuster und dunkel quer gebändertem Schwanz.

◣▼ Großer Brachvogel
(Numenius arquata)

L 48–57 cm; S 89–106 cm

Größter europäischer Watvogel, mit langen Beinen und langem, abwärts gebogenem Schnabel. Als Brutvogel am Bodensee hat der Große Brachvogel sehr stark abgenommen, vor allem durch Entwässerung, naturferne Nutzung der Biotope und Störungen durch den Menschen. Regelmäßiger, häufiger Durchzügler; etwa 1000 Vögel überwintern. *Bild links:* Watender Großer Brachvogel, unverkennbar durch seine Gestalt. *Bild rechts:* Ein Männchen, in langem, flötend-trillerndem Balzgesang herabschwebend – einst Attribut heimischer Flachmoore, heute nur noch selten zu hören.

▲▲ ▲ Uferschnepfe *(Limosa limosa)*
L 40–44 cm; S 70–82 cm

Großer Watvogel mit langen Beinen und langem, geradem Schnabel. Brutvogel am Bodensee, mit zunehmender Entwässerung der Feuchtwiesen aber sehr selten geworden. Durchzügler von März bis Mai und Juli bis September; überwintert gelegentlich. *Bild ganz oben:* Schon weitgehend ins farbenprächtige Brutkleid gemauserter Altvogel. *Bild oben:* Vogel im schmucklosen Schlichtkleid (Ruhekleid), leicht zu erkennen an der typischen Zeichnung von Flügeln und Schwanz.

▲ Dunkler Wasserläufer *(Tringa erythropus)*
L 29–33 cm

Großer Wasserläufer. Größer als der Rotschenkel und mit längerem Schnabel. Im Brutkleid weitgehend schwarz, im Schlichtkleid sehr hell, Unterseite weißlich, Oberseite grau. Abgebildet ist ein vom Schlichtkleid ins Brutkleid mausernder und daher gescheckt erscheinender Vogel. Am Bodensee regelmäßig durchziehend von März bis Mai und August bis November, oft in Trupps von einigen Dutzend Vögeln.

Regenbrachvogel *(Numenius phaeopus)*
▲ L 37–45 cm; S 78–88 cm

Großer Watvogel, aber kleiner als der Große Brachvogel. Von diesem durch den dunklen Scheitel und hellen Überaugstreif sowie seine an Lachen erinnernden Flugrufe („dididi") zu unterscheiden. Zieht regelmäßig im Frühling und Herbst am Bodensee durch, oft in kleinen Gruppen, doch weit seltener als der Große Brachvogel.

Typisches Flugbild mit breiten weißen Flügelhinterrändern

Rotschenkel *(Tringa totanus)* / L 24–27 cm; S 47–53 cm
Häufiger, mittelgroßer Watvogel. Am Bodensee von März bis Juni und Juli bis Oktober, oft in kleinen Gruppen. ▲ ▶

▲ Teichwasserläufer *(Tringa stagnatilis)*
L 22–25 cm

Ähnlich Grünschenkel graubraun-weiß gefärbt, aber viel kleiner und zierlicher und mit relativ längerem Schnabel. Am Bodensee seltener, aber regelmäßig erscheinender Durchzügler.

▲ Grünschenkel *(Tringa nebularia)*
L 30–34 cm; S 68–70 cm

Der größte Wasserläufer mit gräulichen bis grünlichen Beinen und kräftigem, leicht aufgeworfenem Schnabel. Zieht hier, oft in größeren Trupps von bis zu hundert Vögeln, im April, Mai und von Juli bis Oktober durch.

Watvögel

▲▼ **Waldwasserläufer** *(Tringa ochropus)*/L 21–24 cm; S 57–61 cm
Schlanker mittelgroßer Wasserläufer, mit überwiegend schwarz-weiß wirkender Zeichnung. Am Bodensee regelmäßiger Durchzügler und Überwinterer in geringer Zahl; vorzugsweise von August bis April anwesend.

▲ **Bruchwasserläufer** *(Tringa glareola)*
L 19–21 cm; S 56–57 cm
Eleganter kleiner Wasserläufer mit gesprenkelter Oberseite, eher kurzem Schnabel und langen gelbgrünen Beinen. Regelmäßiger Durchzügler im April und Mai und von Juli bis Oktober. Erscheint oft in kleinen Verbänden mit Dutzenden Vögeln.

▲ **Flussuferläufer** *(Actitis hypoleucos)*
L 19–21 cm; S 38–41 cm
Kleiner Watvogel mit kurzen Beinen und langem Schwanz. Meist einzeln erscheinend. Die weiße Unterseite kontrastiert deutlich zur einfarbig braunen Oberseite. Am ständig wippenden Hinterkörper zu erkennen. Als Brutvogel früher am Bodensee weit verbreitet; brütet heute nur noch unregelmäßig bei Bregenz. Zieht regelmäßig durch, meist im April und Mai und von Juli bis September; überwintert gelegentlich.

Watvögel

▲▼ **Steinwälzer** *(Arenaria interpres)*/L 21–25 cm; S 50–57 cm
Gedrungener kleiner Watvogel. Kennzeichnend sind seine kurzen, orangefarbenen Beine, ein kurzer, aufgeworfener Schnabel und eine kontrastreiche, bunte Musterung der Flügel- und Schwanzoberseite. Zieht regelmäßig im Mai und von August bis Oktober durch, oft in kleinen Gruppen; überwintert gelegentlich.

Ein seltener Gast am Bodensee: das anmutige Odinshühnchen

▲ Odinshühnchen
(Phalaropus lobatus)
L 18–19 cm

Kleiner Wassertreter, der auf dem Bodensee gelegentlich zur Rast niedergeht, ebenso wie das etwas größere, hier im Brutkleid gezeigte **Thorshühnchen** *(Phalaropus fulicarius)*/ L 20–22 cm ▶. Beide Arten sind im Schlichtkleid grau-schwarz-weiß gezeichnet und nur im Brutkleid gut zu unterscheiden. Sie werden gelegentlich weit draußen auf dem See beobachtet, wo sie, leicht wie Korken auf dem Wasser schwimmend, ständig Haken schlagen und rastlos auf der Wasseroberfläche nach Kleintieren picken.

Rotflügel-Brachschwalbe ▶
(Glareola pratincola)
L 24–28 cm; S 60–70 cm

Erinnert an langen, kurzbeinigen Regenpfeifer. Sehr elegante, langflüglige Gestalt im Flug. Jagt nach Art der Seeschwalben fliegende Insekten, nimmt aber auch wie andere Schnepfenvögel Insekten am Boden auf. Am Bodensee selten registrierter Gast von Mai bis Juli.

Blick ins Rheindelta-Naturschutzgebiet

Watvögel

Vor der Höhle in einem alten Obstbaum

Am Bodensee ein selten gewordener Anblick

◀◀ ◀ Steinkauz *(Athene noctua)*
L 21–23 cm; S 54–58 cm

Tag- und nachtaktive Kleineule mit langen Beinen und weißem Kinn. Bewohnt offenes Gelände wie Weidelandschaften mit Streuobstwiesen. Diese Lebensräume sind in der Bodenseeregion durch intensive Landwirtschaft sehr rar geworden. Hier wird gegenwärtig das völlige Verschwinden der Art befürchtet.

◀ Waldkauz *(Strix aluco)*
L 37–39 cm; S 94–104 cm

Krähengroße Eule von gedrungener Gestalt, mit dickem Kopf und schwarzen Augen. Grundfarbe rotbraun (im Bild), dunkelbraun oder grau. Ausschließlich nachtaktiv, dann meist durch seine Rufe auffallend; sein Reviergesang ist ein heulendes ‚huhu-huhuhu'. Am Bodensee häufigste Eule mit über 300 Paaren; Bestand abnehmend.

▶▼ Waldohreule *(Asio otus)*
L 35–37 cm; S 90–100 cm

Etwas kleiner und schlanker als der Waldkauz, mit langen Federohren und hell orangefarbenen Augen. Bewohnt Wälder und Riedlandschaften im Bodenseeraum. Mit etwa 200 Paaren die zweithäufigste Eule. Bildet im Winter oft Schlafgesellschaften und ist dann auch tagsüber in Ortschaften zu sehen.

Eulen

▲ Junge Waldohreulen nach Verlassen des Nests (Ästlinge). Junge Eulen verlassen den Brutplatz meist, bevor sie fliegen können, werden aber von den Eltern weiter versorgt. Man sollte sie dann keinesfalls mitnehmen, aber, wenn sie schlecht gelandet sind, in die nächste Deckung setzen.

Sumpfohreule ▶
(Asio flammeus)
L 37–39 cm; S 95–110 cm

Sehr ähnlich Waldohreule, aber mit viel kürzeren Federohren. Bewohnt offenes Gelände, ist häufig auch am Tag aktiv. Am Bodensee von Oktober bis Mai regelmäßiger Durchzügler in den Riedgebieten; wird aber nur selten beobachtet.

◀ Uhu – Jungvogel in der Ästlingsphase

Uhu Altvogel

▲▶ Uhu
(Bubo bubo)
L 60–75 cm; S 160–188 cm

Die mit Abstand größte und mächtigste heimische Eule. Im Bodenseegebiet vorher ausgerottet, brütet der Uhu seit 1982 wieder in der Region – derzeit mit wenigen Paaren in Felsnischen. Möglich wurde dies aufgrund verbesserter Schutzmaßnahmen und deutlich zurückgehender Stromschlagverluste durch Entschärfung von für Großvögel lebensgefährlichen Freileitungsmasten.

Eulen

Schleiereule ▶
(Tyto alba)
L 33–35 cm; S 85–93 cm

Mittelgroße Eule mit herzförmigem Gesichtsschleier, schwarzen Augen und langen Flügeln. Brütet in Gebäuden wie Kirchtürmen, oft auch in bereitgestellten Nistkästen. Etwa 30 Brutpaare, bevorzugt im westlichen Bodenseeraum. *Bild links:* Beutetier Gelbhalsmaus.

Segler und Ziegenmelker

◀▲ **Mauersegler** *(Apus apus)*
L 17–18,5 cm; S 40–44 cm

Schwarzbraun gefärbter Vogel mit an Schwalben erinnernder Gestalt, aber schlanker, mit langen Sichelflügeln und raschem geradlinigem Flug. In großen Verbänden auch gemeinsam mit Schwalben auf der Insektenjagd, bei schlechtem Wetter oft niedrig über der Seefläche jagend. Brütet in der Bodenseeregion mit mehr als 5000 Paaren. *Bild oben:* Mauersegler-Paar im Nistkasten. Segler brüten in Nischen von Gebäuden und oft in für Stare aufgehängten Nistkästen. Meist nur von Mai bis August im Brutgebiet. Lebt sonst im tropischen Afrika, wo er ausschließlich in der Luft lebt und auch im Fliegen schläft. *Bild links:* Flugbild des Mauerseglers mit Sichelflügeln und tief gegabeltem Schwanz.

▲ **Alpensegler**
(Apus melba)
L 20–22 cm; S 54–60 cm

Größer und heller als der Mauersegler, Bauch und Kehle sind weiß gefärbt. Drei Brutkolonien auf schweizerischer Seite sind nur 10–20 km vom Bodensee entfernt; einige Paare brüten in Bregenz/A am See; vor allem im August und September gelegentlich dort zu sehen.

Ziegenmelker *(Caprimulgus europaeus)*/L 26–28 cm; S 57–64 cm ▲

Schlanker Nachtvogel mit falkenähnlichem Flugbild und äußerst guter Tarnzeichnung, die ein Entdecken des tagsüber ruhenden Vogels sehr erschwert, wie auch am Bild zu erkennen. Zieht am Bodensee regelmäßig durch, wird aber selten entdeckt.

Wiedehopf *(Upupa epops)* ▶
L 27 cm

Mittelgroßer Vogel, unverwechselbar mit seiner langen, aufrichtbaren Federhaube und der markanten Gefiederzeichnung. Schmetterlingsartiger Flatterflug mit breiten, runden Flügeln. Noch spärlicher Durchzügler; mit dem Verschwinden von Streuobstwiesen und zunehmendem Pestizideinsatz ansonsten am Bodensee sehr selten geworden. Keine alljährlichen Brutnachweise. Wiederherstellung geeigneter Biotope überfällig (siehe Seite 121). Im Bild ein junger Wiedehopf mit gesträubtem Gefieder beim Sonnenbad.

Bienenfresser *(Merops apiaster)* ▶
L 27–29 cm; S 44–49 cm

Bunt gefärbter Vogel, schlanker und langflügliger als der Star; meist auf der Flugjagd nach Insekten zu sehen. Am Bodensee mittlerweile regelmäßig registrierter Gast im Frühjahr und Sommer, manchmal in Gruppen von über 20 Vögeln. Brütet vereinzelt in Kiesgruben; gräbt seine Bruthöhle in Steilwände. Mit zunehmendem Brutbestand in Deutschland auch am Bodensee als Brutvogel zu erwarten.

▲ **Eisvogel** *(Alcedo atthis)*/L 17–19,5 cm
Gut sperlingsgroßer, farbenprächtiger Vogel, der meist nur als flach über das Wasser schießender ‚blauer Pfeil' oder durch seinen Ruf, einem hohen, durchdringenden Pfiff, auffällt. Sitzt gern auf Schilfhalmen, Zweigen und Pfählen nahe der Wasseroberfläche und hält Ausschau nach Wasserinsekten und Fischchen, die er im Stoßtauchen erbeutet. Mit etwa 20 Brutpaaren Jahresvogel am Bodensee.

◀ **Wendehals** *(Jynx torquilla)*
L 16–17 cm

Untypischer kleiner Specht, der an einen Singvogel erinnert. Mit seiner filigranen Tarnzeichnung wirkt er aus der Entfernung einfarbig braun. Zugvogel, meist von April bis August im Brutgebiet. Aufgrund der Zerstörung geeigneter Lebensräume, den extensiv genutzten, beweideten Streuobstwiesen, ist sein Bestand in der Bodenseeregion erheblich zurückgegangen.

Spechte

▼ ◢ **Grauspecht** *(Picus canus)*
L 25–26 cm

Mittelgroßer Erdspecht, kleiner und weniger markant gezeichnet als der Grünspecht. Nur das Männchen hat eine rote Stirn. Brutvogel mit mehr als 200 Revieren vor allem im nördlichen und westlichen Bodenseeraum.

Grauspecht-Männchen

Grauspecht-Weibchen

▲ **Grünspecht**
(Picus viridis)
L 31–33 cm

Großer, bunt gefärbter Vogel, ein ‚Erdspecht'. Seine Nahrung, vorzugsweise Ameisenpuppen, sucht er überwiegend am Boden und ist deshalb auf naturnahes Grünland angewiesen. Brutvogel rund um den Bodensee mit mehr als 300 Paaren. Im Bild ein altes Männchen. Das Weibchen unterscheidet sich vom Männchen durch einen einfarbig schwarzen Zügelstreif ohne Rot.

Buntspecht am Totholz

Schwarzspecht *(Dryocopus martius)* ▶
L 40–46 cm; S 67–73 cm

Größter heimischer Specht, fast so groß wie die Rabenkrähe. Unverkennbar durch schwarzes Gefieder mit roter Kopfplatte (Männchen) oder nur roter Stirn (Weibchen). Besiedelt mit etwa hundert Paaren Wälder mit Altholzbeständen vorwiegend im nördlichen und westlichen Bodenseegebiet, besucht auch die Riedgebiete am See.

Mittelspecht ▶
(Dendrocopos medius)
L 19,5–22 cm

Dem Buntspecht ähnlich, aber kleiner; der leuchtend roten Kopfplatte fehlt die schwarze Begrenzung zur Wange. Im Bodenseeraum sehr selten geworden im Zuge der Vernichtung alter Streuobstbestände und Eichenwälder. Nur noch ungefähr zehn Brutpaare. – Mit etwa 300 Paaren noch weit häufiger ist der nur sperlingsgroße **Kleinspecht** *(Dendrocopos minor)* / L 14–16,5 cm, der versteckt in Parkanlagen, Wäldern und auf Streuobstwiesen lebt. Ihm fehlen die weißen Schulterflecken, der Rücken ist schwarz-weiß gebändert und die hellen Unterschwanzdecken sind ohne Rot.

◤▼◣ Buntspecht *(Dendrocopos major)* / L 23–26 cm; S 38–44 cm

Häufigster heimischer Specht, der mit mehr als 2500 Paaren im Bodenseeraum brütet. *Bild links:* Altes Männchen mit typischem, dem Weibchen fehlendem roten Nackenfleck. Junge Buntspechte haben noch eine rote Kopfplatte. Wie fast alle Spechte braucht auch der Buntspecht insektenreiches Totholz zur Nahrungssuche und zur Anlage der Bruthöhle. *Bild rechts:* Im Winter besucht der Buntspecht gern Futterstellen; hier ein Weibchen.

Balzendes Straßentauben-Paar

▲◀ Straßen- oder Stadttaube *(Columba livia f. domestica)*

Die **Felsentaube** *(Columba livia)*/L 31–34 cm; S 63–70 cm, ist die wilde Stammform aller Haus- und Stadttaubenrassen. Verwilderte Haustauben besiedeln mit insgesamt etwa 8000 Individuen alle größeren Ortschaften im Bodenseegebiet. Die Straßentauben kommen in vielerlei Farbschlägen gezüchteter Tauben vor, nehmen freilebend aber zunehmend die Gestalt und sogar die Färbung ihrer wilden Stammform an. Die Mehrzahl der abgebildeten Vögel ist wie die Wildform gefärbt, mit grauem Mantel und schwarzen Flügelbinden.

◀ Hohltaube
(Columba oenas)
L 32–34 cm; S 63–69 cm

Ähnlich wie die Felsentaube gefärbt, aber ohne weißen Bürzel und ohne ausgeprägte Flügelbinden. Seltener Bewohner von Altholzbeständen im nördlichen und westlichen Bodenseeraum. Etwa 90 Brutpaare; brütet meist in Baumhöhlen, bevorzugt in alten Höhlen des Schwarzspechts. Zugvogel, der von März bis Oktober anwesend ist.

◀▲▼ Ringeltaube
(Columba palumbus)
L 40–42 cm; S 75–80 cm

Größte und häufigste heimische Wildtaube mit ‚erhabenem' Gang. Kennzeichnend sind die weißen Halbmondflecken auf den Flügeln und ab dem Alter von drei Monaten der weiße Halsfleck. Zugvogel, der zum Teil überwintert. Im Bodenseegebiet ungefähr 2400 Brutpaare; im Frühjahr und Herbst oft große durchziehende Schwärme von tausenden Vögeln. Im Bild ein altes Ringeltauben-Paar.

Ringeltauben nisten in Bäumen. Hier ein Ästling, der das Nest schon verlassen hat, aber noch nicht flugfähig ist. Er wird weiterhin von den Altvögeln versorgt.

Ringeltauben fressen gern Beeren, bevorzugt vom Holunder oder wie hier vom Efeu.

▲ **Türkentaube** *(Streptopelia decaocto)*
L 31–33 cm; S 47–55 cm

Überwiegend hellbraun gefärbte Wildtaube mit langem Schwanz und halbem schwarzem Halsring im Alterskleid. Besiedelt die Ortschaften der Bodenseeregion mit etwa 3000 Paaren. Standvogel.

▲ **Turteltaube** *(Streptopelia turtur)*
L 26–28 cm; S 47–53 cm

Kleine Wildtaube, markanter und hübscher als die Türkentaube. Zugvogel, überwintert in Afrika. Seltener Brutvogel mit weniger als 50 Paaren in der Feldflur des westlichen Bodenseeraums. Bestand stark abnehmend wegen unmäßiger Verfolgung durch Jagd in den Durchzugsgebieten um das Mittelmeer.

Tauben

▶
Altes Kuckuck-Männchen der grauen Morphe mit dem typischen falkenähnlichen Flugbild.

▶▶
Junger Kuckuck mit noch nicht vollständig ausgewachsenem Schwanz.

◀
Altes Kuckuck-Weibchen der roten Morphe.

Kuckuck
(Cuculus canorus)
L 32–34 cm;
S 55–60 cm

Schlanker Vogel mit langem Schwanz. Erscheinung und Flugbild ähneln dem eines kleinen Falken. Im Bodenseeraum Sommervogel von April bis September; etwa 750 Reviere sind bekannt. Brutschmarotzer; bevorzugte Wirtsvögel sind Bachstelzen, Rotschwänze und Rohrsänger. Der Kuckuck überwintert im tropischen Afrika.

Kuckuck

◀ **Haubenlerche** *(Galerida cristata)* L 17 cm
Mit ständig sichtbarem, imposantem Federschopf. Gedrungener als die Feldlerche und mit breiteren Flügeln und kürzerem Schwanz. Brütet seit vielen Jahrzehnten nicht mehr in der Bodenseeregion; heute nur noch ein gelegentlicher Besucher.

▲ **Feldlerche** *(Alauda arvensis)*/L 17–18 cm
Graubraun gefärbte Lerche, etwas größer als der Sperling, mit längerem Schwanz und kurzer, nur bei gesträubtem Kopfgefieder sichtbarer Federhaube. Charakteristisch ist der ausdauernde Singflug des Männchens. Im Bodenseeraum brüten noch einige hundert Paare, jedoch sind infolge intensiver landwirtschaftlicher Flächennutzung deutliche Bestandsrückgänge zu verzeichnen. Im Frühjahr und Herbst große durchziehende Verbände; einige wenige Vögel überwintern. Die kleinere **Heidelerche** *(Lullula arborea)*/L 15 cm, ist als Brutvogel fast ausgestorben, erscheint aber als spärlicher Durchzügler im Frühjahr und Herbst.

◀ **Uferschwalbe** *(Riparia riparia)*/L 12 cm
Kleine braunweiße Schwalbe. Brütet kolonieweise in Steilwänden in selbst gegrabenen Brutröhren. Im westlichen Bodenseeraum derzeit mit gut 250 Paaren vertreten. Häufiger Gast und Durchzügler von April bis September, übernachtet dann zu Tausenden im Schilf. Im Bild rastet eine Uferschwalbe vor einer deutlich größeren Rauchschwalbe.

◀▼ **Rauchschwalbe** *(Hirundo rustica)*/L 13–19 cm
Bekannte, weit verbreitete Schwalbe. Brutbestände im Bodenseeraum durch Aufgabe der traditionellen Viehhaltung und vervielfachten Pestizideinsatz stark abnehmend. Von März bis Oktober anwesend. Jagt in Schlechtwetterperioden oft im Verband Wasserinsekten über dem See. Übernachtet außerhalb der Brutzeit in großen Schlafgesellschaften im Schilf. *Bild unten:* Rauchschwalbe, die bei kaltem, nebligem Wetter eine frisch geschlüpfte Eintagsfliege von der Wasseroberfläche aufnimmt.

Altes Rauchschwalben-Männchen mit den typischen langen Schwanzspießen

Singvögel

◀ **Mehlschwalbe** *(Delichon urbica)*/L 12,5 cm
Kleine schwarz-weiße Schwalbe, die kolonieweise an Gebäuden nistet. Von April bis September häufiger Brutvogel und Durchzügler am Bodensee, etwas häufiger als die Rauchschwalbe, aber seltener über dem Wasser jagend. Die Mehlschwalben im Bild sammeln in einer Schlammpfütze Material für den Bau ihrer halbkugeligen Lehmnester.

Futter sammeln für den Nachwuchs

▲ Baumpieper *(Anthus trivialis)*/L 15 cm

Durchzügler und Brutvogel von März bis Oktober. Die Brutbestände am Bodensee haben in erschreckend hohem Maß abgenommen als Folge der ökologischen Entwertung der Landschaft durch großflächige Ausbreitung von Niederstamm-Obstanlagen. *Kleines Bild:* Niederschwebendes Männchen beim Singflug.

▲ Wiesenpieper *(Anthus pratensis)* L 14,5 cm

Kleiner Pieper der Niedermoore, sehr ähnlich dem Baumpieper. Regelmäßiger Durchzügler im März/April und von September bis Dezember; seltener Wintergast. Als Brutvogel im Bodenseeraum verschwunden. Empfohlene Maßnahmen zur Wiederkehr siehe Seite 121.

▲ Rotkehlpieper *(Anthus cervinus)* L 15 cm

Brutvogel der arktischen Tundra, der in Nordafrika überwintert und am Bodensee regelmäßig als Durchzügler registriert wird (April/Mai und September/Oktober). Mit gestreiftem Bürzel; in allen Kleidern oberseits stärker gestreift als Baum- und Wiesenpieper. Im Bild ein Altvogel, zu erkennen an der ziegelroten Kehle.

Bergpieper *(Anthus spinoletta)* ▶ L 16,5–17 cm

Großer Pieper mit schwarzen Beinen. Grauer gefärbt und weniger gestreift als Wiesen- und Baumpieper. Im Brutkleid Unterseite nahezu ungestreift und mit rosafarbenem Anflug. Regelmäßiger Durchzügler und Wintergast am Bodensee von Oktober bis April. Häufiger Brutvogel in den Alpen über der Baumgrenze. Im Bild handelt es sich um einen Vogel im Schlichtkleid. Gut sichtbar ist die für die meisten Pieper charakteristische lange Kralle der Hinterzehe.

Singvögel

▲ Wiesenschafstelze *(Motacilla flava)*/L 15–16 cm

Kurzschwänzige Stelze mit gelber Unterseite und olivfarbenem Rücken; bewohnt Sumpfwiesen und die Feldflur. Etwa hundert Paare brüten im Bodenseeraum; ihre Zahl hat durch die Entwässerung der Sumpfwiesen abgenommen. Die verschiedenen Formen der Schafstelze lassen sich meist nur durch die Kopfzeichnung der alten Männchen unterscheiden. Schafstelzen sind Zugvögel, die in Afrika überwintern. Unter den durchziehenden Vögeln ist die in Skandinavien brütende **Nordische Schafstelze** oder **Thunbergschafstelze** *(Motacilla flava thunbergi)* ◥ am häufigsten; am besten im Mai bestimmbar. *Bild links:* Wiesenschafstelze, altes Männchen. *Bild rechts:* Thunbergschafstelze, altes Männchen.

◀ Gebirgsstelze *(Motacilla cinerea)*
L 18–19 cm

Schlanke, sehr langschwänzige Stelze mit grauem Rücken und gelber Unterseite; alte Männchen mit schwarzer Kehle. Besiedelt Gewässer, besonders Fließgewässer, häufig in Ortschaften. Überwintert auch bei uns. Im Bodenseegebiet geht man von etwa 180 Brutpaaren aus. Hier abgebildet ist ein Männchen im Winter, mit erst angedeuteter schwarzer Kehle.

Altvogel mit erbeuteten Insekten zur Fütterung der Brut

Ausgewachsener Jungvogel im weniger kontrastreichen Jugendkleid

▲◥ Bachstelze *(Motacilla alba)*/L 16,5–19 cm

Bekannte Stelze mit grau-weiß-schwarzer Zeichnung. Mit ungefähr 6000 Paaren häufiger Brutvogel im gesamten Bodenseegebiet; auch häufiger Durchzügler und regelmäßiger Wintergast am Seeufer.

◀ Wasseramsel *(Cinclus cinclus)*
L 18 cm

Drosselgroßer rundlicher Singvogel mit kurzem Schwanz. Lebt an Fließgewässern, schwimmt und taucht ausgezeichnet, läuft zur Nahrungssuche häufig auf dem Gewässergrund. Im Bodenseegebiet sind etwa 50 Paare nachgewiesen. Hält sich im Winter gern an Flussmündungen und auch am Seeufer auf.

Singvögel

▼ Seidenschwanz *(Bombycilla garrulus)* / L 18 cm

Starengroßer Vogel mit starenähnlichem Flugbild. Mit seiner Haube und der auffallenden Zeichnung unverkennbar. Brutvogel der nordischen Nadelwälder, der in manchen Wintern in großen Verbänden ungewöhnlich weit nach Süden zieht (Invasionsjahre), und dann auch im Bodenseeraum häufig zu sehen ist – meist am Fallobst und an Beeren tragenden Sträuchern.

▲ Zaunkönig *(Troglodytes troglodytes)* L 9–10 cm

Neben dem Goldhähnchen kleinster heimischer Vogel mit rostroter Grundfärbung und unverkennbarer Gestalt. Häufiger Jahresvogel im Bodenseegebiet mit etwa 9000 Paaren. Hält sich im Winter oft in mehrjährigen Schilfbeständen auf.

Heckenbraunelle *(Prunella modularis)* / L 14,5 cm ▶

Unauffälliger kleiner brauner Vogel, der sich bevorzugt im Gebüsch aufhält. Meist wird nur das auf einer Baumspitze singende Männchen mit seiner hellen, anhaltenden Zwitscherstrophe wahrgenommen. Häufiger Brutvogel in Wäldern, Parks und Riedgebieten rund um den Bodensee. Häufiger Durchzügler und spärlicher Wintergast; kommt dann auch an Futterstellen. Im Bodenseegebiet häufig verbreitet mit gegenwärtig mehreren tausend Paaren.

Alpenbraunelle *(Prunella collaris)* / L 18 cm ◢

Größer und bunter gefärbt als die Heckenbraunelle. Brütet in den Hochlagen der Alpen. Einige wenige Vögel überwintern auf dem Pfänder bei Bregenz/A. Bei extremen Wetterlagen (Schneelagen) weichen die Vögel immer wieder in tiefer gelegene Regionen aus bis hinunter zum Bodensee.

▼ Nachtigall *(Luscinia megarhynchos)* / L 16,5 cm

Brauner, sehr versteckt in dichtem Gebüsch lebender Erdsänger, der vor allem durch seinen prächtigen, oft nachts vorgetragenen Gesang auffällt. Brutvogel, mit etwa 300 Paaren überwiegend im westlichen Bodenseegebiet anzutreffen. Von April bis August anwesend.

Rotkehlchen ▶ *(Erithacus rubecula)* L 14 cm

Bekannter und beliebter Erdsänger; häufiger Bewohner der heimischen Wälder und Gebüschlandschaften. Jahresvogel, der mit gut 17 000 Paaren im Bodenseeraum brütet.

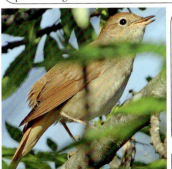

Singvögel

◀◀ ◀ Blaukehlchen
(Luscinia svecica)
L 14 cm

Kleiner Erdsänger, der sich meist versteckt in der Ufervegetation am Boden aufhält. Die Gestalt gleicht der des Rotkehlchens. Mit weißem Überaugenstreif und roten Seiten der Schwanzbasis. Durchzügler in den Bodenseerieden von März bis Mai und von August bis Oktober. Es liegen Hinweise auf Bruten vor. *Bild links:* Nach der ersten Mauser durchziehendes junges Weibchen im Herbst. *Bild rechts:* Altes Männchen im Frühjahr.

◀ Hausrotschwanz
(Phoenicurus ochruros)
L 14,5 cm

Häufiger Vogel unserer Siedlungen mit grauem bis schwarzem Körper und rötlichem Schwanz; altes Männchen mit weißem Flügelfeld. Am Bodensee anwesend von März bis November, einige Vögel überwintern. Im Bild ein altes Männchen.

Sinvögel

Weibchen

Männchen im Frühling

Gartenrotschwanz
(Phoenicurus phoenicurus)
◀◀ ◀ L 14 cm

Etwas kleiner und heller gefärbt als der Hausrotschwanz, Männchen im Frühjahr aber wesentlich bunter. Mit weniger als 10 % des Hausrotschwanz-Brutbestandes weit seltener als dieser; Bestand abnehmend. Von April bis Oktober Gast am Bodensee. Überwintert im tropischen Afrika.

Altes Männchen

Jungvogel

Braunkehlchen
(Saxicola rubetra)
◀◀ ◀ L 12,5 cm

Kleiner, bunter Erdsänger der Wiesen und Feuchtgebiete. Sommervogel, von März bis Oktober im Bodenseegebiet anzutreffen; brütet nur noch selten, zieht häufig durch, überwintert im südlichen tropischen Afrika.

Männchen

Weibchen

Schwarzkehlchen
(Saxicola rubicola)
◀◀ ◀ L 12,5 cm

Auffälliger kleiner Erdsänger, weit seltener als das Braunkehlchen. Bewohnt offene Landschaften, sitzt häufig auf Büschen und Drähten. Brütet in den Riedgebieten am Bodensee; anwesend von März bis Oktober.

Steinschmätzer ▶ ▶▶
(Oenanthe oenanthe)
L 14,5–15,5 cm

Kleiner Drosselvogel der offenen Landschaft. Kennzeichnend sind der weiße Bürzel und der Schwanz mit weißen Kanten, schwarzer Mitte und schwarzer Endbinde. Am Bodensee als Brutvogel verschwunden. Häufiger Durchzügler von März bis Mai und von August bis Oktober; überwintert in Afrika.

Weibchen im Herbst

Männchen im Frühling

Singvögel

▼ Misteldrossel
(Turdus viscivorus)
L 27 cm

Größte heimische Drossel. Die Misteldrossel hat wie die Wacholderdrossel weiße Unterflügel und raue Flugrufe, ist oberseits einfarbig graubraun und auf der Unterseite stärker gefleckt. Am Bodensee Jahresvogel mit mehr als tausend Paaren.

Ringdrossel ▶
(Turdus torquatus)
L 23–24 cm

In Gestalt und Gesamtfärbung der Amsel ähnlich, aber mit weißem Brustband und weißen Säumen der Schwungfedern. Zieht in geringer Zahl im März/April und September/Oktober am Bodensee durch; brütet in den Alpen.

▼◀ Amsel *(Turdus merula)*/L 24–25 cm
Häufigster Vogel im Bodenseegebiet mit etwa 50 000 Brutpaaren. Besiedelt Wälder, Feldgehölze, Parklandschaften und Ortschaften. *Bild links:* Jungvogel an Beeren vom Efeu. *Bild rechts:* Altes Männchen am Seeufer.

▲ Rotdrossel
(Turdus iliacus)/L 21 cm

Ähnlich Singdrossel, aber etwas kleiner, mit hellem Überaugenstreif und rötlichen Flanken und Unterflügeln. Brütet in Skandinavien. Am Bodensee Durchzügler und seltener Wintergast von Oktober bis April.

▲ Singdrossel
(Turdus philomelos)/L 22 cm

Kleiner als die Amsel, mit brauner Oberseite und gelben Unterflügeln. Als Brutvogel so häufig wie die Wacholderdrossel, aber versteckter lebend. Brütet nicht in Kolonien, sondern einzeln in Wäldern und Parklandschaften. Zugvogel, hauptsächlich von März bis Oktober anwesend; überwintert im Mittelmeergebiet.

▲ Wacholderdrossel
(Turdus pilaris)/L 25,5 cm

Amselgroß, jedoch bunter. Häufiger Jahresvogel am Bodensee. Brütet in Kolonien mit etwa 10 000 Paaren. Teilzieher. Im Winter erscheinen in jährlich sehr unterschiedlichem Ausmaß nordische Durchzügler und Zuzügler, die überwintern. Im Bild ein Altvogel mit Futter für die Brut.

◀ Berglaubsänger
(Phylloscopus bonelli)
L 11 cm

Kleiner, dem Zilpzalp ähnelnder Laubsänger mit grauem Rücken; Bürzel und Ränder der Flügel- und Schwanzfedern sind gelbgrün. Bewohnt lichte, locker bewaldete Hänge. Bestand seit der Intensivierung der Waldwirtschaft erheblich zurückgegangen. In der Bodenseeregion Brutvogel von April bis September; spärlicher Durchzügler.

▲ Waldlaubsänger
(Phylloscopus sibilatrix) /L 12,5 cm

Relativ großer, gedrungener Laubsänger, der hochstämmige Laubwälder bewohnt. Auffallend ist sein zweistrophiger Gesang, ein langer Triller mit nachfolgendem ‚düh-düh-düh'. Rund um den Bodensee Brutvogel von April bis September.

Zilpzalp im Spätherbst am Bodensee

Zilpzalp auf der Jagd nach Insekten

◀◀◀ Zilpzalp
Phylloscopus collybita
L 11 cm

Häufigster heimischer Laubsänger, schlicht gefärbt mit grünlich-brauner Oberseite und heller, gelblicher Unterseite sowie hellem Überaugstreif und schwarzen Beinen. Namengebend ist sein unermüdlich vorgetragener zweisilbiger Gesang. Brütet in lockeren Wäldern und Feldgehölzen, im Bodenseeraum mit ungefähr 20 000 Paaren. Kurzstreckenzieher, der in geringer Zahl am Bodensee überwintert.

◀ Fitis *(Phylloscopus trochilus)*
L 11,5 cm

Große Ähnlichkeit mit dem Zilpzalp, jedoch etwas lebhafter gefärbt und mit hellen Beinen. Vom Zilpzalp am ehesten durch seinen Gesang zu unterscheiden, der an einen schwachen Buchfinkenschlag erinnert. Langstreckenzieher; von April bis August häufiger Brutvogel rund um den Bodensee, besonders auch in ufernahen Gehölzstreifen.

Singvögel

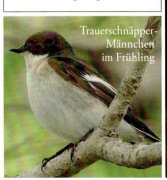

Trauerschnäpper-Männchen im Frühling

◀ Grauschnäpper
(Muscicapa striata)
L 14 cm

Ein schlichter graubrauner Vogel mit feiner Strichelung. Sitzt oft an exponierter Stelle und erbeutet in kurzer Flugjagd Insekten. Von Mai bis Oktober häufiger, rund um den Bodensee verbreiteter Brutvogel in lichten Wäldern, Parks und Gärten.

▲ Trauerschnäpper *(Ficedula hypoleuca)* /L 13 cm

Etwas kleiner als der Grauschnäpper, deutlich zweifarbig, mit brauner oder beim Männchen schwarzer Oberseite, mit weißen Abzeichen in Flügel und Schwanz. Bewohnt lichte Wälder, Streuobstwiesen und naturnahe Gärten. Am Bodensee nur spärlicher Brutvogel, aber häufiger Durchzügler im April/Mai und August/September.

Sommergoldhähnchen ▶
(Regulus ignicapilla)
L 9 cm

Vom Wintergoldhähnchen durch den schwarzen Augenstreif und den hellen Überaugenstreif zu unterscheiden. Häufiger als dieses und weit weniger an Nadelbäume gebunden; besiedelt auch größere Gärten. Kurzstreckenzieher; überwintert nur selten am Bodensee. Hier ein rüttelnder Vogel bei der Insektenjagd in einer Baumkrone.

Der goldgelbe Scheitel ist von unten nicht sichtbar.

Wintergoldhähnchen *(Regulus regulus)*/L 9 cm ▲

Mit nur sechs Gramm Gewicht neben dem Sommergoldhähnchen kleinster heimischer Vogel. Am goldgelben Scheitel erkennbar. Sehr aktiver Zweigsänger, der meist hoch in Nadelbäumen lebt und Gehölze rund um den Bodensee besiedelt. Häufiger Jahresvogel.

Klappergrasmücke ◀
(Sylvia curruca)
L 12,5 cm

Eine kleine Grasmücke mit grauer Oberseite, schwärzlichen Ohrdecken und sich hell absetzender Kehle. Besiedelt Gebüsche und Hecken, Parks und naturnahe Gärten. Zugvogel, von April bis September anwesend. Brütet eher spärlich mit mehr als 200 Paaren rund um den Bodensee. Ihren Namen verdankt die Klappergrasmücke ihrer einfachen, klappernden Gesangsstrophe („tell-tell-tell-tell-tell").

▼▲ Mönchsgrasmücke
(Sylvia atricapilla)/L 14 cm

Häufigste Grasmücke, besiedelt Wälder, Parks und Gärten. Bei dem eher einfarbigen Vogel kennzeichnet die schwarze Kopfplatte das Männchen, die kastanienbraune das Weibchen. Als Zweigsänger von schlanker Gestalt, recht versteckt lebend. Fällt besonders durch seine melodischen Gesangsstrophen auf, die in ‚wehmütigen' Flötentönen enden. Kurzstreckenzieher, der in geringer Zahl überwintert.
Bild oben: Singendes Männchen.
Bild oben links: Im Frühjahr verzehren Grasmücken gern Nektar und Pollen. Dabei agieren sie durchaus auch als Bestäuber. Hier eine weibliche Mönchsgrasmücke an der Blüte eines Obstbaums.

Gartengrasmücke ▶
(Sylvia borin)
L 13,5 cm

Unauffällige, olivbraungraue Grasmücke, die gebüschreiche Wälder und Parks, Feldgehölze und verwilderte Gärten besiedelt. Sommervogel von April bis September. Rund um den Bodensee häufiger Brutvogel mit wohlklingendem, drosselähnlichem Gesang. Langstreckenzieher. Im Herbst ‚mästen' sich Grasmücken mit Beeren, um genügend Fettreserven für den Langstreckenzug anzulegen.

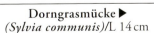
Durchzügler an Holunderbeeren.

Dorngrasmücke ▶
(Sylvia communis)/L 14 cm

Besiedelt Hecken und verbuschtes Gelände. Sommervogel von April bis September; überwintert südlich der Sahara. Brütet in wenigen hundert Paaren um den Bodensee. Als eine der Ursachen ihres deutlichen Bestandsrückgangs in den letzten Jahrzehnten nimmt man übermäßige Verluste auf den Zugwegen dieses Langstreckenziehers an.

Singvögel

Schwanzmeise
(Aegithalos caudatus)
◀ L 14 cm

Meisenähnlicher, bunter kleiner Vogel mit sehr langem Schwanz. Bewohnt unterholzreiche Wälder, hohes Gebüsch und Hecken. Weit verbreiteter Jahresvogel am gesamten Bodensee. Im Winter oft Zuzug von Vögeln aus dem Norden, die vollständig weißköpfig sind; dann auch in Gärten und an Futterstellen zu sehen. Schwanzmeisen leben von Juni bis zum Winterende in Gruppen zusammen.

▲ **Sumpfmeise** *(Poecile palustris)*
L 11,5 cm

Graubrauner kleiner Vogel mit schwarzer Kopfplatte und schwarzem Kinn, auch ‚Nonnenmeise' genannt. Brütet verbreitet am Bodensee; kommt auch an Futterstellen. Die sehr ähnliche **Weidenmeise** *(Poecile montanus)*/L 11,5 cm, ist viel seltener und bewohnt mit wenigen Paaren Auwälder und feuchte Niederungen mit Altholz und Weiden.

◀ **Haubenmeise** *(Lophophanes cristatus)*/L 11,5 cm
Von anderen Meisen durch ihre schwarz-weiße Haube zu unterscheiden. Spärlicher Brutvogel in naturnahen Nadelholzbeständen rund um den Bodensee. Kommt im Winter gern an Futterstellen.

Kohlmeise ▶
(Parus major)
L 14 cm
Bunt gefärbte große Meise; eine unserer häufigsten Arten. Regelmäßig an Futterstellen zu beobachten.

▲ **Tannenmeise** *(Periparus ater)*/L 11,5 cm
Die Tannenmeise ist der Kohlmeise ähnlich, sie ist jedoch kleiner und hat eine graue Ober- und blasse Unterseite. Häufiger Brutvogel in Wäldern, Parks und größeren Gärten; kommt auch gern an Futterstellen.

▲▼ ▼▼ **Blaumeise** *(Parus caeruleus* oder *Cyanistes caeruleus)*/L 12 cm
Sehr häufige, unverkennbar gefärbte Meise, knapp halb so häufig wie die Kohlmeise. Im Winter durchstreift sie in kleinen Trupps die Rohrwälder. *Bild links:* Blaumeisen ernähren sich im Winter oft von Insektenlarven, die sie in Schilfstengeln aufspüren. *Bild Mitte:* Bei der Nistkastenkontrolle drückt sich die Blaumeise hinter ihre Jungen, die ‚irrtümlich' nach Futter betteln. *Bild rechts:* Im Frühling ernten Blaumeisen gern Nektar und Pollen, hier an Weidenkätzchen.

Attraktion im Rohrwald: die Bartmeise (Panurus biarmicus)/L 12,5 cm

Langschwänziger kleiner, zu den Papageimeisen zählender Vogel des Röhrichts. Brütet mit etwa 70 Paaren in den großen Rohrwäldern am Bodensee. Im Winter häufiger durch Zuzügler aus dem Norden, oft in größeren Gruppen erscheinend. Bartmeisen ziehen in Schwärmen durch die Rohrwälder. Sie verraten sich meist durch ihren Stimmfühlungslaut – ein unablässiges nasales ‚ping' – der weithin zu hören ist.

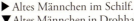
▶ Altes Männchen im Schilf.
▼ Altes Männchen in Drohhaltung. Der abgespreizte schwarze Bart lässt es offensiv und wehrhaft erscheinen.

▲ Wie Rohrsänger und Schwirle können auch Bartmeisen sehr geschickt mit zur Seite abgewinkelten Beinen durch dichtes Schilf und Gezweig schlüpfen. Hier ein Jungvogel.

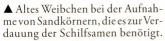

▲▲ Altes Männchen beim Verzehr von Schilfsamen, der wichtigsten Nahrungsquelle im Winter.

▲ Altes Weibchen bei der Aufnahme von Sandkörnern, die es zur Verdauung der Schilfsamen benötigt.

▲ Im Sommerhalbjahr ernähren sich Bartmeisen von Insekten. Hier ein Männchen im Abflug, das Eintagsfliegen für die Brut gesammelt hat.

▲ Bartmeisen sind sozial lebende Vögel. Hier ein Paar im Jugendkleid bei der gegenseitigen Gefiederpflege.

▲ Junge Bartmeisen ziehen im Sommer in großen Jungvogelverbänden umher. Die beiden Männchen (links) unterscheiden sich durch gelbe Schnäbel und hellere Augen bereits von den zwei Weibchen.

◀ Feldschwirl
(Locustella naevia)
L 13 cm

Ein gestrichelter kleiner Zweigsänger, der versteckt in hochgrasigen Wiesen und niederem, grasdurchsetztem Gebüsch lebt. Sein Gesang erinnert an das Zirpen von Heuschrecken: ein lang anhaltendes, helles, rollendes Schwirren. Im Bodenseeraum von April bis September Brutvogel mit etwa 800 Paaren.

◀ Rohrschwirl
(Locustella luscinioides)
L 14 cm

Ungestreifter, ähnlich wie der Teichrohrsänger gefärbter Zweigsänger. Besiedelt von April bis September in einigen Dutzend Paaren die großen Schilfflächen des Bodensees. Fällt vor allem durch seinen Gesang auf: ein minutenlang anhaltendes tiefes, surrendes, von einem Schilfhalm vorgetragenes Schwirren.

▲ Drosselrohrsänger
(Acrocephalus arundinaceus) / L 18 cm

Eine Großausgabe des Teichrohrsängers, gleich gefärbt und ähnlicher Gesang, jedoch viel lauter und rauer und sehr weit zu hören. Am Bodensee von Mai bis September Brutvogel mit etwa 80 Paaren.

◀ Schilfrohrsänger
(Acrocephalus schoenobaenus)
L 12,5 cm

Kleiner Rohrsänger mit hellem Überaugenstreif und dunklem Scheitel, heller Unterseite und gestreiftem braunem Rücken. Brütet in wenigen Paaren am Bodensee, zieht aber im April/Mai und August/September häufig durch. Im Bild ein durchziehender Jungvogel.

◀ Sumpfrohrsänger
(Acrocephalus palustris)
L 14 cm

Ungestreifter brauner Rohrsänger, kaum vom Teichrohrsänger zu unterscheiden. Von Mai bis September Bewohner von Hochstaudenflächen, bevorzugt an Gräben und anderen feuchten Standorten. Fällt durch seinen prächtigen, andere Vogelarten imitierenden Gesang auf. Überall am Bodensee vorkommender, häufiger Brutvogel.

▲ Gelbspötter
(Hippolais icterina) / L 13 cm

Unauffällig gefärbter, versteckt lebender Zweigsänger naturnaher Laubwälder und Parkanlagen. Grünlicher und gelblicher gefärbt als der Sumpfrohrsänger, jedoch ähnlich großartiger Gesang mit brillanter Imitation von Stimmen zahlreicher Vogelarten. Von Mai bis September mit mehreren hundert Paaren rund um den Bodensee anzutreffen. Im Bild ein Portrait dieses bemerkenswerten Vogels, dessen Bestand rückläufig ist.

Singvögel

◀ Teichrohrsänger *(Acrocephalus scirpaceus)* / L 13,5 cm

Häufigster Rohrsänger. Oberseits oliv- bis rötlichbraun, Unterseite rahmfarben. Bewohnt von Mai bis September mit vielen hundert Paaren fast alle größeren Schilfgebiete am Bodensee. Im Frühjahr beherrscht sein Gesang die dichten, ungestörten, im Wasser stehenden Rohrwälder. Er besteht aus schnarrenden und knarrenden, langsam und mechanisch vorgetragenen Tönen. Hier ein singendes Männchen.

Kleiber *(Sitta europaea)* ▶
L 14 cm

Verbreiteter Jahresvogel in Wäldern, Parks und Gärten, der geschickt stamm-auf- und -abwärts klettert und auch ‚Spechtmeise' genannt wird. Im Winter oft an Futterstellen, wo er Sämereien sammelt und als Vorrat speichert.

◀ Waldbaumläufer
(Certhia familiaris)
L 12,5 cm

Große Ähnlichkeit mit dem Gartenbaumläufer, aber mit kürzerem Schnabel sowie dreimal seltener als dieser. Foto: Karl-F. Gauggel

Gartenbaumläufer *(Certhia brachydactyla)* / L 12,5 cm ▶
Kleiner Vogel mit bräunlicher Tarnfärbung und langem, gebogenem Schnabel. Klettert wie ein Specht an Baumstämmen aufwärts. Jahresvogel rund um den Bodensee in Wäldern, Parks und Gärten.

▼ ◀ **Mauerläufer** *(Tichodroma muraria)* / L 16,5 cm
Lebt und brütet in Steinbrüchen und Felswänden der Alpen, auch in Bodenseenähe; im Winter öfters unten am See an hohen Gebäuden. *Bild links:* Im Flatterflug ähnelt der Mauerläufer einem großen, bunten Schmetterling. *Bild rechts:* Vogel bei der Nahrungssuche. Mit zuckenden Flügeln klettert und flattert er senkrecht oder seitwärts an steilen Felsen empor und präsentiert dabei seine rot-weiße Flügelzeichnung. Fotos: Karl-F. Gauggel

Beutelmeise ▶ ▶▶
(Remiz pendulinus)
L 11 cm

Meisenähnlicher, bunter kleiner Vogel. Siedelt spärlich in Röhrichten und Weidengebüschen der Feuchtgebiete am Bodensee. Etwa 40 Brutpaare. Regelmäßiger Durchzügler, gelegentlich auch überwinternd. Beutelmeisen weben an Zweigenden stabile Nestbeutel aus Weidensamen. Hier füttert ein Elternvogel einen fast flüggen Jungvogel.

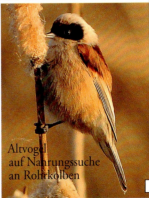

Altvogel auf Nahrungssuche an Rohrkolben

Singvögel

Singvögel

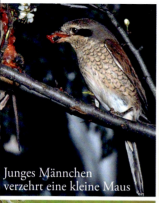

Junges Männchen verzehrt eine kleine Maus

Altes Männchen mit Insekt

▼▲ **Neuntöter** *(Lanius collurio)*/L 17 cm
Gut sperlingsgroß; Männchen mit grauem Oberkopf, schwarzer Gesichtsmaske und rotbraunem Rücken, Weibchen auf der Oberseite einfarbig braun. Bewohnt im nördlichen und westlichen Bodenseeraum von Mai bis September vor allem gebüschreiche Waldränder, Feldhecken und Obstgärten. Häufig spießen Neuntöter ihre Beute – meist große Insekten – auf Dornen, um sie besser verzehren zu können oder zu speichern. Foto rechts: Peter Steiner

▲ **Rotkopfwürger** *(Lanius senator)*/L 17 cm
So groß wie der Neuntöter. Altvögel (im Bild) sind durch ihre Zeichnung unverkennbar. Am Bodensee nur noch seltener Gast und unregelmäßiger Brutvogel. Die Art kann durch Erhalt der vorhandenen und Anlegen neuer Streuobstwiesen gefördert werden.

◀ **Pirol** *(Oriolus oriolus)*/L 24 cm
Drosselähnlicher, schlanker, in Bäumen lebender Vogel mit auffallendem Gesang: eine kurze, flötenartige, weich tönende Strophe („düde-lio'). Männchen mit gelb-schwarzer Färbung, Weibchen ähnlich Grauspecht vorwiegend grün und grau gefärbt. Zugvogel, der von Mai bis September die Laubwälder und die Laubgehölze der Riede um den Bodensee spärlich besiedelt.

◀ **Eichelhäher** *(Garrulus glandarius)* L 33–34 cm
Bekannter, bunter kleiner Rabenvogel. Häufiger Brut- und Jahresvogel rund um den Bodensee. Der Eichelhäher legt zum Winter Vorräte an. Er sammelt und vergräbt Eicheln und trägt so zur Verbreitung der Eiche bei.

▲ **Raubwürger** *(Lanius excubitor)*/L 24 cm
Großer Würger mit charakteristischer grau-schwarz-weißer Zeichnung. Bewohnt halboffene, extensiv genutzte Landschaften mit einzelnen Bäumen und Büschen. Am Bodensee als Brutvogel ausgestorben. Heute noch spärlicher Durchzügler und Wintergast in den Riedgebieten rund um den Bodensee von Oktober bis März.

◀ **Tannenhäher** *(Nucifraga caryocatactes)* L 32 cm
Fast so groß wie der Eichelhäher, jedoch kürzerer, braunschwarzer Schwanz mit hellem Steißbereich. Brauner Körper mit weißen Tropfenflecken. Seltener Herbst- und Wintergast ab August, brütet am Pfänder/A.

Alpendohle ▶
(Pyrrhocorax graculus)
L 38 cm

Gesellig lebender schwarzer Krähenvogel mit gelbem Schnabel und roten Beinen. Besiedelt das benachbarte Hochgebirge, wird aber nur selten am Bodensee registriert. Alpendohlen sind hervorragende Segel- und Gleitflieger.

Nebelkrähe *(Corvus cornix)*/L 44–51 cm ▼
So groß wie die Rabenkrähe, mit der sie sehr nahe verwandt ist. Vermischt sich mit dieser an den Verbreitungsgrenzen. Leicht kenntlich an den hellgrauen Gefiederanteilen. Spärlicher Wintergast am Bodensee, unter den Vögeln sind auch Mischlinge. Im Bild ein Nebelkrähen-Mischling mit schwarzen Bereichen in den grauen Gefiederpartien.

▲ Dohle *(Corvus monedula)*/L 33 cm
Kleiner schwarzer, gesellig lebender Krähenvogel. Durch den kurzen Schnabel, die hellen Augen und den grauen Halsanteil gut von anderen Krähenvögeln zu unterscheiden. Jahresvogel und spärlicher Brutvogel am Bodensee. Hier ein altes Dohlen-Paar bei der Gefiederpflege.

Singvögel

▲ Saatkrähe *(Corvus frugilegus)*/L 46–47 cm
So groß wie die Rabenkrähe. Gefieder dunkler schwarz, mit metallischem Glanz. Altvogel mit nackter, grauweißer Region an Kinn und Schnabelbasis. Am Bodensee häufiger Durchzügler und Wintergast von Oktober bis März. Wie andere Rabenvögel sind Saatkrähen Allesfresser. Hier bedient sich ein Altvogel an einer offenen Mülltonne.

▲ Rabenkrähe *(Corvus corone)*
L 44–51 cm; S 84–100 cm

Häufiger Jahresvogel und Brutvogel rings um den Bodensee. Rabenkrähen sind hervorragende Vertilger von Aas; sie sind oft auf Straßen oder am Straßenrand an ‚Roadkills' zu beobachten. Die Krähe im Bild frisst an einem Meisenknödel.

Elster *(Pica pica)*/L 44–48 cm ▶
Unverkennbarer kleiner Rabenvogel mit schwarz-weißem Gefieder, langem, grünlich schimmerndem Schwanz und kurzen, abgerundeten Flügeln. Bei direkter Sonnenbestrahlung erglänzen die schwarzen Anteile des Großgefieders in verschiedenen Strukturfarben. Häufiger Jahresvogel um den Bodensee, kommt fast überall außerhalb geschlossener Waldgebiete vor. Bildet im Winterhalbjahr größere Schlafgesellschaften in den Riedgebieten am See.

▲◤ Kolkrabe *(Corvus corax)*/L 54–67 cm; S 115–130 cm
Größter heimischer Singvogel. Wie die Rabenkrähe schwarz gefärbt, mit langem, starkem Schnabel, Keilschwanz und langen Flügeln. Ausgezeichneter Segelflieger. Jahresvogel am Bodensee mit wenigen Brutpaaren. *Bild links:* Kolkrabe am Rehkadaver. Seit der Ausrottung der Geier sind Rabenvögel die wichtigsten Aasvertilger unter den Vögeln Mitteleuropas. *Bild rechts:* Altes Kolkraben-Paar. Wildkamera-Foto (links): Bruno Roth

▲◀ Gimpel *(Pyrrhula pyrrhula)* / L 16,5 cm

Großer, kräftig gebauter und unverkennbar gefärbter Fink, im Volksmund auch ‚Dompfaff' genannt. Verbreiteter Jahres- und Brutvogel in unterholzreichen Wäldern, Schonungen, Parks und Gärten. *Bild links:* Altes Weibchen, das an einer Baumknospe frisst. Jungvögel ähneln den Weibchen, haben aber noch keine schwarze Kopfplatte. *Bild rechts:* Gimpel naschen gern an Blüten. Hier ein altes Männchen an Weidenkätzchen.

◀ Karmingimpel *(Carpodacus erythrinus)* / L 14,5 cm

Kleiner Finkenvogel. Weibchen und Jungvögel unscheinbar graubraun gefärbt. Alte Männchen mit tiefroter Färbung an Kopf, Brust und Bürzel. Zugvogel, der in Südindien überwintert. Breitet sich nach Westen aus. Einzelne, singende Männchen sind regelmäßig in den Bodenseerieden zu beobachten; eine Brut wurde nachgewiesen. Hier ein singendes altes Männchen.

Singvögel

◀ Ortolan *(Emberiza hortulana)* L 16,5 cm

Ähnlich Goldammer, mit typischem rotem Schnabel und weißem Augenring. Regelmäßiger, spärlicher Durchzügler von April bis Mai und August bis Oktober, bevorzugt im Rheindelta. Hier ein junger Ortolan im Herbst.

▲ Kernbeißer *(Coccothraustes coccothraustes)* L 18 cm

Sehr großer, kräftig gebauter Fink, der mit seinem kurzen Schwanz, großen Kopf und mächtigen Schnabel kopflastig wirkt. Lebt meist unauffällig in Baumkronen, kommt gelegentlich ans Futterhaus. Jahresvogel rund um den Bodensee. Im Bild ein Altvogel im Winter.

Singendes altes Männchen

▲ **Goldammer** *(Emberiza citrinella)*/L 16,5 cm

Sperlingsgroßer Vogel mit langem Schwanz, rotbraunem Bürzel und weißen Schwanzkanten. Männchen mit gelbem Kopf und Bauch, Weibchen und Jungvögel grauer gefärbt und stärker gestreift. Häufiger Jahresvogel in offenem, buschreichem Gelände rund um den Bodensee; häufig in Trupps auf Wiesen und Feldern.

▲ **Schneeammer** *(Plectrophenax nivalis)* L 16,5 cm

Größe und Gestalt wie Goldammer, doch heller gefärbt. Bauch weiß, Schwanz und Flügel mit großen weißen Arealen. Regelmäßiger spärlicher Gast von November bis März im Rheindelta. Schneeammern suchen ihre Nahrung im Ödland und im Uferbereich an Spülsäumen. Hier zwei Jungvögel im Spätherbst mit noch kleinen weißen Bereichen im Flügel.

▼ **Grauammer** *(Emberiza calandra)*/L 18 cm

Gedrungene, graubraun gestreifte große Ammer. Bewohner offener Ödlandbereiche und Weidelandschaften. Am Bodensee wegen Schwund dieser Lebensräume sehr selten gewordener Jahresvogel. Im Bild eine singende Grauammer.

▲ **Rohrammer** ▶ ▶▶
(Emberiza schoeniclus)
L 15 cm

Häufiger, versteckt lebender Brutvogel der Rohrwälder rund um den Bodensee. Etwas kleiner als die Goldammer; überwiegend graubraun gestreift mit grauem Bürzel. *Bilder oben und rechts:* Männchen im Frühjahr, mit schwarzem Kopf und weißem Halsring. Gern sitzen sie dann erhöht auf einer Schilfrispe und fallen durch ihre einfache, unablässig wiederholte kurze Gesangsstrophe auf. *Bild ganz rechts:* ausgewachsener Jungvogel.

Singvögel

Singvögel

▲◤ Haussperling *(Passer domesticus)*
L 14,5 cm

Allbekannter Singvogel. Trotz Bestandsabnahme einer der häufigsten Brutvögel am Bodensee. *Bild links:* Ein altes Männchen sammelt Schilfrispen zur Auspolsterung des Nests. Im Frühjahr ist seine Färbung besonders prächtig. *Bild rechts:* Ein Weibchen füttert eines seiner ausgeflogenen Jungen.

◀ Feldsperling *(Passer montanus)*
L 14 cm

Etwas kleiner als der Haussperling, mit brauner Kopfplatte und schwarzem Ohrfleck in allen Kleidern. Brut- und Jahresvogel rund um den Bodensee, aber weit weniger häufig als der Haussperling. Im Bild ein Paar beim Verzehr von Sonnenblumensamen.

▼ Bergfink *(Fringilla montifringilla)*
L 14,5 cm

Größe und Gestalt wie beim Buchfink, aber mit weißem Bauch, rostbrauner Brust und Schulter und weißem Bürzel. Brutvogel nordischer Wälder. Erscheint von Oktober bis April als Durchzügler und Wintergast. In manchen Jahren sammeln sich riesige Schwärme in Buchenwäldern. *Kleines Bild:* Männchen.

Weibchen im Winter

▲ Buchfink *(Fringilla coelebs)*
L 14,5 cm

So groß und häufig wie der Haussperling. Jahresvogel rund um den Bodensee, bewohnt Ortschaften, Feldgehölze und Wälder. Teilzieher; die Weibchen überwintern meist im Süden, die Männchen häufiger bei uns. Im Bild ein altes Männchen im Winter.

▲ **Girlitz** *(Serinus serinus)*/L 11,5 cm
Kleinster Fink der Region. Weibchen unauffällig braun gestreift, Männchen mit Gelb an Kopf und Brust, Bürzel gelb. Um den Bodensee verbreiteter Brutvogel in Gärten, Parks, Streuobstwiesen und Waldrändern. Häufig von März bis Oktober, im Winter seltener. Hier zu sehen ist ein singendes Männchen. Der Gesang ist ein hohes, anhaltendes, metallisch klingendes Zwitschern.

▲ **Grünfink oder Grünling** *(Chloris chloris)* L 15 cm
Großer, gedrungener Fink mit kurzem Schwanz, gelbem Schnabel und grünlicher Färbung. Häufiger Jahresvogel in Siedlungen, Heckenlandschaften und an Waldrändern rund um den Bodensee. Hier ein Männchen beim Verzehr von Heckenrosensamen, einer Lieblingsnahrung im Winter. Grünlinge ernähren sich von einem breiten Spektrum an Sämereien.

Singvögel

▼▶ **Stieglitz** *(Carduelis carduelis)*/L 12,5 cm
Auch als ‚Distelfink' bezeichneter, bunt gefärbter kleiner Fink. Verbreiteter Jahresvogel der Bodenseeregion. Die typische rote Gesichtsmaske des Altvogels ist beim Jungvogel noch nicht ausgebildet. *Bild rechts:* Altvogel beim Ernten von Samen des Löwenzahns. *Bild unten:* Kleiner Schwarm, der in typischer Weise Distelsamen frisst – hier am Bestand der Wilden Karde, einer bevorzugten Nahrungspflanze, die auf Ruderalgelände und extensiv landwirtschaftlich genutztem Gelände gedeiht.

▲◥ Fichtenkreuzschnabel *(Loxia curvirostra)* / L 17 cm

Ein großer, plumper Fink mit kurzem gegabeltem Schwanz und großem Kopf. Bewegt sich papageienartig kletternd bei der Nahrungssuche in Nadelbäumen. Der große Schnabel mit den überkreuzten Schnabelspitzen erleichtert das Herausklauben von Samen aus den Zapfen der Nadelbäume. Jahresvogel, Strich- und Zugvogel rings um den Bodensee. Meist in hohen Nadelbäumen, wird nur selten beobachtet. *Bild links:* Junges Männchen beim Verzehr von Fichtensamen. *Bild rechts:* Altes Männchen mit typischer Rotfärbung – beim Weibchen durch Grau und Grün ersetzt – an Lärchenzapfen.

◀◀◀ Bluthänfling *(Carduelis cannabina)* L 13 cm

Bräunlicher kleiner Fink mit weißen Rändern an Schwung- und Steuerfedern. Männchen mit rosenroter Färbung auf Stirn und Brust. Jahresvogel am Bodensee. Selten geworden, da er auf Ödlandflächen angewiesen ist, die weit gehend der intensiven Landwirtschaft geopfert wurden. Foto ganz links: Peter Steiner

◀ Birkenzeisig *(Carduelis flammea)* L 12,5 cm

Graubrauner, gestreifter kleiner Fink mit roter Stirn; Männchen mit Rot an der Brust. Oft zusammen mit Erlenzeisigen auf Bäumen Samen erntend. Jahresvogel am Bodensee. Seltener Brutvogel, als Durchzügler und Wintergast etwas häufiger.

Singvögel

▼ Erlenzeisig *(Carduelis spinus)* / L 12 cm

Kleiner, grünlicher Fink mit langem Schnabel und gelben Schwanzkanten, der sich bei der Nahrungssuche meist an Samenständen von Bäumen meisenähnlich im Geäst bewegt. Am Bodensee Jahresvogel; seltener Brutvogel und häufiger Durchzügler und Wintergast, oft in größeren Trupps erscheinend. Im Bild ein Männchen.

Badende Stare

Star *(Sturnus vulgaris)*/L 21 cm

Einer der häufigsten und bekanntesten heimischen Vögel, der sich von der Amsel durch den kurzen Schwanz, den langen, spitzen Schnabel und den aufrechten Gang unterscheidet. Bildet in den großen Schilfgebieten des Bodensees oft riesige, viele tausend Vögel umfassende Schlafgesellschaften. *Bild ganz oben:* Starenschwarm, hier vorwiegend Jungvögel im braunen Jugendkleid, der im Sommer zum Übernachten ins Schilf einfällt. *Bild oben rechts:* Ein Star füttert seinen fast flüggen Nachwuchs. *Bild oben links:* Jungstare im Sommer, die vom braunen Jugendkleid in das erste, dunkle Jahreskleid mit großen weißen Tropfen mausern. *Bild links:* Zur Zugzeit im Herbst sammeln sich Stare oft aufgereiht wie Perlen einer Kette auf Leitungsdrähten. *Bild unten links:* Altvogel im Frühjahr auf Nahrungssuche. Bei direkter Sonnenbestrahlung werden auf dem schwarzen Gefieder grüne und purpurne Farbtöne (Schillerfarben) sichtbar.

Blick nach Sonnenuntergang vom Reichenauer Damm über das Naturschutzgebiet auf die Insel Reichenau und die schweizerische Alpenkette. (4.10.2015)

Biotope
Seite 94–107

Vorarlberger Rheindelta, Österreich

▲ Blick vom westlichen Ufer des Neuen Rheins nördlich Fussach/A auf die Baggerarbeiten in dessen vorgelagertem Mündungsbereich, dem Rheinkanal. Hier werden die gewaltigen Massen an Geröll und Sediment, die der Alpenrhein mit sich führt, laufend entfernt, um Überflutungen flussaufwärts zu verhindern. (6.9.2015)

◀ Die einzigen auffallenden Zeugnisse von Biotopgestaltung durch wilde Säugetiere: Spuren des kürzlich wieder zurückgekehrten Bibers (▼). Am Rand der Lagune fällt er Weichhölzer, die ins  Wasser stürzen. Im Gezweig dieser Bäume finden Jungfischschwärme ideale Versteckmöglichkeiten, und in den dichten Ausschlägen der Baumstümpfe entstehen neue Nistmöglichkeiten für Vögel. (6.9.2015)

◀ Sicht vom Nordrand der Lagune auf den Flachwasserbereich der Fussacher Bucht mit zahlreichen Kiesinseln. Solange Störungen gering sind, kann hier durch große Wasservogelansammlungen eine Düngung, wie sie von der Fischerei zur Verbesserung der Nahrungsgrundlage der Fische angestrebt wird, auf natürliche Weise stattfinden. (6.9.2015)

◀ Blick bei Regen von der Lagune in das Naturschutzgebiet Richtung Rohrspitz, einer Halbinsel im Rheindelta. Herbivoreneinfluss zur Auflockerung der Vegetation ist nicht zu erkennen, vielmehr Störfaktoren durch Bootsverkehr und Uferbebauung (Hütte im Schilf). Eine nachhaltige ökologische Aufwertung durch Etablierung eines Wildnisentwicklungsgebiets ist durchaus vorstellbar (siehe Seite 116/125). (6.9.2015)

Romanshorn, Schweiz

▲ Im geschützten Flachwasserbereich östlich von Romanshorn/CH sammeln sich neben einigen Blässhühnern vor allem Tauchenten, neben Tafel- und Reiherenten auch zahlreiche Kolbenenten. Letztere überwintern immer häufiger am Bodensee und ziehen nicht mehr weiter in die Mittelmeerregion. (9.2.2015)

▲ Auch bei mehrtägigem Frost im zweistelligen Bereich friert der tiefe Obersee nicht zu und ist mit seinem Nahrungsangebot für Wasservögel nach wie vor attraktiv. (9.2.2015)

Arbon, Schweiz

▶ Privater Schiffsbetrieb auf dem Bodensee zur Hauptsaison. Als Lebensraum für Wasservögel wird die ufernahe Seefläche weitgehend entwertet. Ein respektvollerer Umgang der Schiffsführer mit der Natur unter Beachtung der Tier- und Naturschutzgesetzgebung kann zur Verbesserung beitragen (Seite 121–122). (22.8.2015)

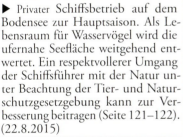

▲▶ Geschützte Uferzone westlich von Arbon/CH. Hier können sich weniger empfindliche Sumpf- und Wasservögel noch angemessen fortpflanzen, sofern die Schutzbestimmungen eingehalten werden. (23.8.2015)

Uhldingen-Mühlhofen, Deutschland

▲ Blick vom Hafen in Unteruhldingen/D nach Nordwesten in die Flachwasserzone des Naturschutzgebiets Seefelder Aachmündung mit rastenden Wasservögeln. Am rechten Bildrand ein Gebäude des Pfahlbaumuseums, im Hintergrund Schloss Maurach (unten) und die Wallfahrtskirche Birnau. (5.10.2015)

▲ Aussicht von der Unteruhldinger Südmole nach Südosten in Richtung Meersburg. Mit den ersten herbstlichen Dunstschleiern lässt der Freizeitbetrieb nach und die Wasservögel können die ufernahen Bereiche wieder besser als Lebensraum nutzen. (5.10.2015)

Schopflen/Reichenau und Ermatinger Becken, Deutschland/Schweiz

◀ Stilvolle Infotafel an der Ruine der Wasserburg Schopflen, die einst auf dem zur Insel Reichenau/D führenden Damm errichtet wurde.

▼ Vom zweigeschossigen Bau der Burganlage sind die etwa 10 m hohen und 2,5 m starken Mauern erhalten geblieben. Innerhalb des Gemäuers hat der Naturschutzbund Deutschland e. V. (NABU) eine Beobachtungsplattform errichtet.
Foto: Beatrix Haas

▲ Blick im Winter von der Aussichtsplattform der Ruine Schopflen über das Ermatinger Becken mit seinen zahllosen verschiedenartigen Wasservögeln. (9.2.2015)

Ermatinger Becken, Deutschland/Schweiz

▲ Aussicht von der Ruine Schopflen auf die nahe Flachwasserzone mit Enten, Silberreihern und Möwen. (3.10.2015)

◀ Entspannte Begegnung in der Ermatinger Bucht: Höckerschwan (vorn) und Singschwan. (9.2.2016)

▶ Blick von der Schopflen nach Südosten über das Ermatinger Becken zum Schweizer Ufer. Im Hintergrund (von links) die Gipfel von Altmann (2436 m ü. M.) und Säntis (2502 m ü. M.). (5.10.2015)

Traumhafter Blick von der Burgruine Schopflen nach Osten über die Flachwasser- und die Riedzone des Naturschutzgebiets Wollmatinger Ried. Im Hintergrund das Konstanzer Münster/D (linke Bildseite) und die Vorarlberger Alpen/A. (4.10.2015)

Wollmatinger Ried, Deutschland

Mettnau, Deutschland

▲ Blick vom Aussichtsturm im Naturschutzgebiet auf der Halbinsel Mettnau über gemähte Streuwiesen und dichtes Ried auf die Flachwasserzone des Markelfinger Winkels (Gnadensee/D). (4.4.2015)

Moos/Höri, Deutschland

Moos/Höri, Deutschland

▲ ‚Action' im Hafen von Moos: Ein Habicht mit erbeuteter Lachmöwe wird massiv von Rabenkrähen (im Bild ein einzelner Vogel) bedrängt und zieht mit seiner Beute ab. (6.4.2016)

▲ Aussicht vom Hafensteg nach Norden in das Naturschutzgebiet mit zahlreichen Tauchenten, Reihern und weiteren Großvögeln im Hintergrund. (4.10.2015)
▲▼ Im Hafen von Moos entdeckt: Ganz rechts, neben sechs auf einer Holzwand ruhenden Tafelenten, steht ein männlicher Mischling zwischen Tafel- und Moorente, ein sogenannter Hybrid (vergrößert). (4.10.2015)

Stockacher Aachried, Deutschland

▲ Von der Beobachtungsplattform des NSG Stockacher Aachried hat man eine gute Sicht auf die Flachwasserzone im Bereich der Stockacher Aachmündung mit Weidengebüsch und zahlreichen Wasser- und Schreitvögeln. Im Hintergrund der Hafen und Gebäude von Bodman.   (24.8.2015)
▼ Die Auwaldzone an der Stockacher Aachmündung im Vorfrühling. (15.3.2016) Foto: Beatrix Haas

Stein am Rhein, Schweiz

▲ Blick vom Schiff auf das Wasservogel-Schutzgebiet am Ende des Rheinsees bei Stein am Rhein/CH. (10.9.2015)
Foto: Beatrix Haas

▲ Schalen der bis zu 4 cm langen **Wander-** oder **Zebramuschel** *(Dreissena polymorpha)*. Diese zu den Dreikantmuscheln zählende Art besiedelt den Seerhein massenhaft in dichten Beständen an Pfählen und anderen harten Gegenständen und ist eine wichtige Nahrungsquelle für Tauchenten, Blässhühner und manche Fische (siehe Seite 114).

▲▲ ▲ Nach erfolgreichem Tauchgang verzehrt ein Schellerpel Muscheln. Über den Winter ernten Tauchenten und Blässhühner die dichten Bestände der Wandermuschel bis zu einer Tiefe von 3 m weitgehend ab.
◀ Von den aus Nordamerika eingeführten Flusskrebsarten ist der bis zu 13 cm lange **Kamberkrebs** *(Orconectes limosus)* im Bodensee am häufigsten. Einige Taucher- und Großmöwenarten schätzen ihn als leichte Beute (siehe Seite 114).

Koniks sind eine robuste Pferderasse aus Polen. Sie sind der erst im 19. Jahrhundert ausgerotteten Stammform, dem westlichen Wildpferd oder **Tarpan** *(Equus ferus ferus)*, noch sehr ähnlich. Hier eine Herde im öffentlich zugänglichen Teil von Oostvaardersplassen, einem Wildnisentwicklungsgebiet in den Niederlanden. Es ist faszinierend, die großen Weidetiere völlig frei lebend und in ihrem natürlichen Sozialverhalten zu erleben. (3.9.2015)

Wildnisgebiete kontra Mähwiesen
Seite 108–113

NSG Mettnau/D: Blick vom Beobachtungsturm nach Nordwesten. Durch Mahd getrimmte Wiesen sind trennlinienscharf abgegrenzt zum dichten, unbearbeiteten Bereich. Kein Säugetier ist zu sehen, naturnaher Herbivoreneinfluss nicht zu erkennen – kennzeichnend für viele der gegenwärtigen Schutzgebiete am Bodensee. (3.4.2015)

Mettnau, Deutschland

Oostvaardersplassen, Niederlande

▲ Ausblick von der Beobachtungskanzel im NSG Mettnau/D auf den Wasservogel-Brutteich. Auch hier sind keine Säugetiere zu sehen, allerdings erste Spuren einer naturnahen Biotop-Mitgestaltung durch den vormals ausgerotteten, seit kurzem wiedergekehrten Biber. Ebenfalls zu sehen sind ein Löffelerpel und ein Zwergtaucher. (3.4.2015)

◄ Blick vom Aussichtshügel am Ostrand über das Wildnisentwicklungsgebiet Oostvaardersplassen/NL. Hier gestalten, in heute sehr hoher Dichte und nur durch natürliche Kapazitätsgrenzen der Landschaft begrenzt, große Weidetiere die Biotope. Im Vordergrund eine Herde Koniks, dahinter zahlreiche Rothirsche. Außerdem im Blickfeld tausende Vögel, darunter verschiedene Reiher, Gänse, Enten, Greifvögel und Limikolen. (30.11.2015)

▽ Koniks lockern ein dichtes, eintöniges Ruderalgelände auf. Graureiher (verdeckt im Vordergrund) und Stare sind als erste Nutznießer mit dabei. (2.11.2012)

Oostvaardersplassen, Niederlande

◀ Rothirsch im Gebüsch im öffentlich zugänglichen Teil von Oostvaardersplassen. Hier steht er keiner forstwirtschaftlichen Nutzung im Weg. (2.11.2012)

◣ Die durch die großen Graser gestalteten Weiden sind auch für Gänse sehr wertvolle Nahrungsbiotope. Hier finden sie abwechslungsreiche Kost. Im Bild sind Grau-, Bläss- und Nilgänse zu sehen. Die großen Sammeldunghaufen der Koniks (links im Bild) stellen ganzjährig eine wichtige Kerbtier-Nahrungsquelle für Insektenfresser dar. (2.11.2012)

▼ Blick vom Aussichtshügel auf eine Gruppe von Heckrindern. In diesem Biotop hielten sich große Staren- (Bild ganz unten) und Finkenschwärme auf, vor allem Stieglitze. (29.11.2015)

▼▼ Starenschwarm, hier attackiert von einem Habicht (unten links). Der Schwarm schließt wie auf ein Kommando so dicht auf, dass der Angreifer keinen Einzelvogel anvisieren kann und abdreht.

Der Bodensee – Lebensraum für Vögel

Vorbemerkungen

Seinem Beinamen ‚Schwäbisches Meer' wird der Bodensee durchaus gerecht. Mit einer Fläche von 571 km^2 ist er Mitteleuropas drittgrößter Binnensee und der größte seiner Anrainerstaaten Deutschland, Schweiz und Österreich. Der See ist ein beliebter Anziehungs- und Knotenpunkt für hunderttausende durchziehende, überwinternde und brütende Wasservögel, die vom milden Klima, einem reichen Nahrungsangebot und einer für Naturschutzbelange aufgeschlossenen Öffentlichkeit profitieren. Das war nicht immer so. Die traditionelle, exzessive Wasservogeljagd am Untersee etwa, auch als ‚Belchenschlacht' zu trauriger Bekanntheit gelangt, hat man erst 1984 nach heftigen internationalen Protesten überwiegend eingestellt. Auf die Wasservogeljagd wird mittlerweile weitgehend verzichtet. Gut geschützte Seebereiche wurden eingerichtet, und die Zahl der Natur- und Vogelschutzgebiete wächst zusehends. Ein Erfolg, der großteils dem unermüdlichen, langjährigen Einsatz der Ornithologischen Arbeitsgemeinschaft Bodensee (OAB) zu verdanken ist. Der Nutzen einer solchen Entwicklung, auch für den Tourismus, ist längst unbestritten. Doch das riesige Potential zur Förderung eines ‚nachhaltigen' Ökotourismus außerhalb der Hauptsaison ist bei Weitem noch nicht ausgeschöpft.

Der Bodensee besteht aus zwei ökologisch unterschiedlichen Seebecken. Der Obersee mit seinem westlichen Ausläufer, dem Überlinger See, ist nährstoffarm (oligotroph), mit einer Wassertiefe bis 254 m. Der 4 km lange Seerhein liegt zwischen Konstanz und Gottlieben und mündet in den Untersee, wo er sich unterseeisch in der Rheinrinne fortsetzt. Die Ausbuchtungen des Untersees nordwestlich der Rheinrinne werden in den nördlich gelegenen Gnadensee und den südlichen Zeller See unterteilt. Der Untersee besitzt beidseits der Rheinrinne ausgedehnte nährstoffreiche (eutrophe) Flachwasserbereiche. Für ein breites Spektrum an Wasservogelarten zählen sie zum wichtigsten Lebensraum im Voralpenland – ein Feuchtgebiet von internationaler Bedeutung. Der tiefe Obersee friert infolge seiner vertikalen Wasserzirkulation nur sehr selten, in extrem kalten Wintermonaten, zu. Der flache, bis 46 m tiefe Untersee vereist weit rascher. Durch die Rheinrinne werden aber meist auch in Jahren mit strengem Winter größere Bereiche offen gehalten und bleiben für Wasservögel nutzbar. Bei dem guten, meist ganzjährig verfügbaren Nahrungsangebot hat sich der See zu einem hervorragenden Rastgebiet für zahlreiche Wasservögel entwickelt.

Neozoen in der Diskussion

Ausgerechnet einige Neozoen, also ursprünglich gebietsfremde, durch menschlichen Einfluss etablierte Tierarten, bilden eine zusätzliche solide Nahrungsgrundlage. Eine nicht unerhebliche Rolle kommt dabei Schnecken und Muscheln zu. Die dreieckige Wander- oder Zebramuschel *(Dreissena polymorpha)* registrierte man erstmals 1965 am Bodensee (Abb. Seite 107). Eingeschleppt aus der Schwarzmeerregion, besiedelt sie heute den See in sehr hoher Dichte und ernährt zehntausende Tauchenten, Blässhühner und Meerenten.

Zum Spektrum der Neusiedler zählen auch einige Krebsarten. In riesigen Beständen verbreitet haben sich vor allem der Kamberkrebs *(Orconectes limosus;* Abb. Seite 107) und seit der Jahrtausendwende der Signalkrebs *(Pacifastacus leniusculus),* beide aus Nordamerika. Mittlerweile dienen sie einigen Taucharten, zumeist Eistauchern, aber auch Großmöwen als vorrangige Nahrungsquelle. Für Schwarzhals- und Zwergtaucher ist die vom Schwarzen Meer eingewanderte Donau-Schwebegarnele *(Limnomysis benedeni)* ein ‚gefundenes Fressen'. Dieser winzige Krebs hat sich seit 2006 in rasantem Tempo millionenfach im Bodensee vermehrt.

Von Naturschutzseite werden die Neozoen oft kritisch bewertet – so auch die großen, aus ökonomischen Gründen eingeführten nordamerikanischen Süßwasserkrebsarten. Man befürchtet, dass sie das Überleben des einheimischen Edelkrebses *(Astacus astacus)* gefährden, der gegen eine aus Nordamerika eingeschleppte Pilzkrankheit, die Krebspest, nicht resistent ist. Kleinere Arten wie seit 2003 der Große Höckerflohkrebs *(Dikerogammarus villosus)* und seit 2007 der Aufrechte Flohkrebs *(Crangonyx pseudogracilis)* haben großen Einfluss auf die ursprüngliche Unterwasserfauna und damit auf die Nahrungsgrundlage für Fische und Vögel *[15]**.

Geringerer Jagddruck und Neozoen-Zuwanderung haben die Wasservogelbestände in den letzten Jahrzehnten also wieder reichhaltiger und vielfältiger werden lassen.

Vögel am Bodenseeufer

Die bekannten, häufigeren Wasservögel lassen sich ganzjährig fast überall vom Bodenseeufer aus beobachten, unter ihnen Höckerschwäne, Blässhühner, Haubentaucher, Lachmöwen, Graureiher, Stock- und Reiherenten und als Besonderheit die farbenfrohen Kolbenenten. In Notzeiten während des Winters lassen sich diese Arten leicht mit Futter anlocken und dann besonders gut erleben. Gelegentlich gesellen sich einzelne Gänsesäger und Kormorane hinzu, machen es den Enten nach und holen sich ‚regelwidrig' die zugeworfenen Brotbrocken. Oft erscheinen weitere Enten- und Möwenarten. Taucher und im Sommer gelegentlich Flussseeschwalben haben es meist auf die vom Futter ebenfalls angelockten häufigen Weißfischchen abgesehen. Unter dieser, von Anglern oft achtlos als ‚Fischunkraut' abgetanen Gruppe ist das Rotauge für Vögel eine sehr wichtige Art.

Im Sommerhalbjahr kann man zahlreichen Kleinvogelarten bei der Insektenjagd am Ufer oder über dem ufernahen Wasser zusehen. Besonders häufig und auffällig: Bachstelzen, Rauch-, Mehl- und Uferschwalben und die eleganten Mauersegler. Ein eindrucksvolles Schauspiel bieten auch jagende Lachmöwen, Stare, Fluss- und Trauerseeschwalben. Spektakulär: der Jagdflug des Baumfalken, dessen spielerische Flugmanöver man mit dem Fernglas gut verfolgen kann.

Wenn der Pegel des Sees sinkt, wandeln sich die Schlickflächen am Ufer zu einem nachgefragten Treffpunkt für Watvögel (Limikolen). Alpenstrandläufer, Großer Brachvogel, Kiebitz, Bekassine, Waldwasserläufer, Flussuferläufer und oft weitere, seltenere Arten finden sich ein (Abb. Seite 57–65). Das im Schlick verborgene Nahrungsangebot ermöglicht einigen dieser Arten die Überwinterung am See.

Vögel der Schilf- und Riedgebiete

Die rar gewordenen Sumpfgebiete mit ausgedehntem Schilf- und Rohrkolbenbewuchs bieten einer Reihe von Sumpfbewohnern unverzichtbare Lebensräume, darunter auch seltenen Arten. Ökologisch überaus wertvoll sind die Rohrwälder mit mehrjährigem Röhricht, das nicht gemäht, vielmehr naturnah von größeren Pflanzenfressern wie Gänsen und großen Säugetieren mitgestaltet wird. Sie sorgen durch naturnahe Auflockerung für eine reichhaltige, mosaikartige Biotopstruktur. Viele seltene Tier- und Pflanzenarten sind auf solche von Herbivoren gestalteten Biotope angewiesen. Am Bodensee findet man heute allerdings kaum noch freilebende große Pflanzenfresser.

Kleinere Röhrichtbestände am See konnten vielfach erhalten oder durch gezielte Schutzmaßnahmen wiederhergestellt werden. Sie erlauben vielerorts störungsarme Einblicke in diesen Lebensraum, etwa von Bootsstegen, Beobachtungsplattformen, Wanderwegen und unmittelbar vom Rand vieler Freibäder und Campingplätze aus. Ausgedehnte Rohrwälder finden sich in den Schutzgebieten des Untersees, im Wollmatinger und im Eriskircher Ried und an den Mündungsdeltas der größeren Bodenseezuflüsse.

Im Frühjahr fallen die meist sehr versteckt lebenden gefiederten Schilfbewohner vor allem durch ihren Gesang auf. Ab März melden sich die Rohrammern mit ihrem kurzen, einfachen, oft

---

*Die Nummern in eckigen Klammern verweisen auf Literatur (Seite 126) oder *Weblinks* (Seite 127)

von der Spitze eines alten Schilfhalms vorgetragenen Gesang. Ab Mai fällt der Teichrohrsänger ein mit seinem anhaltenden, mit rauen Tönen laut und langsam vorgetragenen Lied. Charakteristisch ist der Gesang des Rohrschwirls, ein oft minutenlang anhaltendes, tiefes, surrendes Schwirren, und der nasale, weit hörbare Stimmfühlungslaut der Bartmeise (‚ping'). Die recht verborgen lebenden Kleinrallen – am häufigsten Wasserrallen, weit seltener Sumpfhühner – sind vor allem in der Dämmerung und nachts zu hören. Am ehesten sind sie bei Niedrigwasser im Schlickbereich des Schilfufers zu sehen.

Gar nichts zu sehen bekommt, wer sich rücksichtslos und gegen alle Regeln einen Weg durchs Schilf bahnt. Er gilt den Vögeln als Eindringling und gefährdet den Bruterfolg. Alles verdrückt sich.

Viele größere Sumpfbewohner sind auf ausgedehnte Rohrwaldbiotope ohne menschliche Störfaktoren angewiesen, so Rohrweihen, Rohr- und Zwergdommeln und Purpurreiher. Sie benötigen außerdem großräumig ungestörte Uferbereiche. Möchte man solche seltenen Arten und weitere ‚Kostbarkeiten' vor Ort entdecken, empfiehlt sich die Teilnahme an einer Vogelführung in einem der großen Schutzgebiete des Bodensees, die reichlich angeboten werden *[16; 17; 18]*.

Der Rohrwald ist für viele Vogelarten eine recht sichere Zuflucht für die Nacht. Ein Naturschauspiel der besonderen Art kann man während der Hauptdurchzugszeiten der Stare im März und September/Oktober verfolgen: In riesigen, kaum übersehbaren Schwärmen erscheinen die Vögel im schwindenden Licht der Dämmerung und fallen auf der Suche nach einem Nachtlager zu Tausenden ins Schilf ein (Abb. Seite 93).

Zahlreiche Kleinvögel übernachten gesellig im Schilf, darunter Rauch- und Uferschwalbe, Bach- und Schafstelze, Beutelmeise, Zaunkönig, aber auch Großvögel wie verschiedene Weihen, Merlin und Silberreiher.

Ornithologisch bedeutsame Gebiete

Für Wasservögel sind die weitläufigen Flachwasserzonen des Bodensees und die Uferflächen aus Röhricht, Feuchtwiesen und Auwald unentbehrlich. Flachwasserbereiche dienen der Rast und der Nahrungssuche und sind vor allem im Winterhalbjahr bevorzugte Aufenthaltsplätze. Im Obersee sind dies unter anderem das Rheindelta, das Eriskircher Ried und der Konstanzer Trichter, im Untersee das Ermatinger Becken, der Gnadensee und das Mündungsgebiet der Radolfzeller Aach. Die Fließstrecken des Bodensees, der Seerhein und der Hochrhein um Stein am Rhein bieten mit ihrem massenhaften Vorkommen der Wandermuschel vorwiegend Tauchenten und Blässhühnern einen reich gedeckten Tisch (Abb. Seite 107). Die schweizerische ‚Seetaucherstrecke' zwischen Kreuzlingen und Romanshorn verspricht im Winter gute bis sehr gute Chancen, einen oder mehrere der großen Seetaucher zu sichten: Stern-, Pracht-, gelegentlich sogar Eis- oder Gelbschnabeltaucher. Oder die kleineren Lappentaucher, darunter auch die seltenen Rothals- und Ohrentaucher.

Österreich
Das Vorarlberger Rheindelta

Das Vorarlberger Rheindelta, Naturschutzgebiet (NSG), Ramsar-Gebiet (nach UNESCO-Konvention) und Special Protection Area (SPA; nach EU-Richtlinie), umfasst 800 Hektar (ha) Land plus 1200 ha Wasserfläche und erstreckt sich vom Alten Rhein, der im Westen die österreichischschweizerische Grenze bildet, bis zur Dornbirner Ach bei Bregenz im Osten (Abb. Seite 96). Es setzt sich zusammen aus einem Mosaik verschiedener Biotope: Sumpfwiesen, Röhrichte, Auwald, Flächen mit Schlick und Schwemmsand, Lagunen, Dämme und Flachwasserzonen mit Kiesinseln in der Fussacher Bucht. In der Nähe befinden sich intensiv landwirtschaftlich genutzte und besiedelte Flächen. Durch seine Nord-Süd-Ausrichtung und die Lage am Rand der Alpen und des Bodensees besitzt das Terrain den Rang eines international bedeutenden Durchzugs- und

Überwinterungsgebiets für Wasservögel und ist bekannt als wichtiger Rast- und Brutplatz. Das Rheindelta gilt als *Mekka für Vogelbeobachter*. Anfang Oktober können hier auch mal mehr als 120 verschiedene Vogelarten an einem Tag beobachtet werden.

Bester Zugang ins Zentrum des Gebiets: Von der Landstraße 302 biegt man am Westufer des Rheinkanals (Neuer Rhein) in Fussach nach Norden ab und fährt bis zum Parkplatz am Ende des Sträßchens. Weiter geht es zu Fuß auf dem Dammweg seewärts nach Norden. Linkerhand erscheint die Lagune mit Kiesinseln und Brutflößen für Möwen und Seeschwalben. Der Wanderweg umrundet die Lagune. Von hier aus hat man die beste Übersicht über die Flachwasserbereiche mit Kiesinseln in der Fussacher Bucht. Durch den Sumpfbruchwald geht es zurück zum Parkplatz. Diese malerische Wanderstrecke kann zu jeder Jahreszeit sehr ergiebig sein. Man sollte sich mindestens drei Stunden Zeit nehmen und eine gute optische Ausrüstung (neben Fernglas auch ein Spektiv) und ornithologische Literatur (gern auch dieses Buch) dabei haben (Abb. Seite 96; *[17; 18]*).

Mehrerauer Seeufer – Bregenzerach-Mündung

Die Mündung des zweitgrößten Bodenseezuflusses, der Bregenzerach, liegt zwischen der Vorarlberger Hauptstadt Bregenz und der Gemeinde Hard. Das Delta ist als eines der wenigen naturnahen Mündungslandschaften Mitteleuropas von internationaler Bedeutung. Auf den Kiesbänken findet die Flussseeschwalbe noch natürliche Brutstandorte, ebenso die stark gefährdeten Limikolen Flussuferläufer und Flussregenpfeifer. Das 120 ha große Naturschutz- und Natura 2000-Gebiet lässt sich unter anderem von der Seite der Bregenzer Seebühne her begehen *[19]*.

Schweiz

Auf der westlichen, schweizerischen Seite des Alten Rhein lädt die Strecke von der Brücke in Rheineck bis zur Flussmündung zu ungestörter Vogelbeoachtung ein. Die Flachwasserzonen des Rheindeltas setzen sich in westlicher Richtung fort, hauptsächlich um Altenrhein (Strandbad) bis zur Goldachmündung und weiter westlich von Arbon bis Romanshorn (Abb. Seite 97). Zwischen Romanshorn und Münsterlingen finden sich für überwinternde Wasservögel attraktive Gebiete, allerdings meist ohne besonderen Schutzstatus (Seetaucherstrecke). Die sich im Westen anschließende, etwa 4 km^2 große Konstanzer Bucht, der Konstanzer Trichter, bietet im Winter unzähligen Wasservögeln Schutz und Nahrung.

Das benachbarte Kreuzlinger Ufer ist naturnah erhalten und daher bei Wasservögeln ebenfalls sehr beliebt. Hier finden sie optimale Brut- und Rastmöglichkeiten, unter anderem auf der ‚Wollschwein-Insel' unmittelbar beim Schifffahrthafen, einem von drei Naturschutzgebieten in Kreuzlingen. Die Insel wird extensiv beweidet. Im Winter leben hier zeitweise Wollschweine und im Sommer Hochlandrinder. Sie halten die Vegetation kurz. So ensteht die charakteristische mosaikreiche Biotopstruktur, eine Voraussetzung für den Bruterfolg vieler Vogelarten. Wer den Aufstieg auf den Beobachtungsturm am nahen Ufer nicht scheut, hat freie Sicht auf dieses einmalige, von Menschen weitgehend ungestörte Stück Natur *[20]*. Lediglich im Winter kann man während eines kurzen Zeitraums den Wollschweinen einen Besuch abstatten.

Am Schweizer Ufer von Seerhein und Untersee empfiehlt sich vor allem im Winterhalbjahr ein Besuch der Strecke zwischen Gottlieben und Ermatingen. Tausende – darunter seltene – Wasservögel haben sich im Ermatinger Becken um das deutsche Naturschutzgebiet Wollmatinger Ried niedergelassen und können von hier aus hervorragend beobachtet werden (Abb. Seite 99–103).

Am Südufer des Untersees nach Westen verläuft eine Reihe kleiner Flachwasserzonen bis hin zum größeren Wasser- und Zugvogelreservat Stein am Rhein (Abb. Seite 107). Diese Gebiete sind ohne umfassenden Schutzstatus; selbst das eigentliche Schutzgebiet ist noch erheblich beeinträchtigt durch Störungen seitens des Menschen.

Deutschland

Obersee

Die Schachener Bucht ist als Important Bird and Biodiversity Area (IBA) ausgewiesen und bedeutendes Wasservogel-Überwinterungsgebiet, ebenso das weiter westlich am Bodenseeufer gelegene, 4,5 ha große NSG Wasserburger Bucht. Weitere sehenswerte Flachwasserzonen befinden sich zwischen Kressbronn und Langenargen, vor allem um die Mündung der Argen.

Das Eriskircher Ried erstreckt sich unmittelbar südöstlich von Friedrichshafen am Bodenseeufer zwischen den Mündungen von Rotach und Schussen. Das Naturschutzgebiet umfasst 552 ha, davon sind 331 ha Wasserfläche. Die Flachwasserzone grenzt hier an Rohrwald, Sumpfwiesen, Au- und Sumpfwald. Es ist das größte Vogelschutzgebiet am Nordufer des Bodensees und wird vom Naturschutzbund Deutschland (NABU), mit einem Naturschutzzentrum am Gebiet, betreut *[21]*. – Ein weiteres, mit 15,77 ha recht kleines Schutzgebiet findet sich an der Lipbachmündung westlich von Immenstaad.

Überlinger See

Nördlich angrenzend an das Pfahlbaumuseum in Unteruhldingen liegt das Naturschutzgebiet Seefelder Aachmündung. Vom Unteruhldinger Hafen aus, gleich südlich des Museums, geht der Blick durchs Fernglas in Richtung Seefelden zu den zahlreichen Wasservögeln im Bereich der Schwemmsandinseln (Abb. Seite 98 oben). In der kalten Jahreszeit lassen sich dort Rostgänse, Singschwäne und zahlreiche andere gefiederte Wintergäste nieder. Am Rand des 54,71 ha umfassenden Areals verläuft ein Fuß- und Radweg in Richtung Birnau.

Am Westende des Überlinger Sees, um die Mündung der Stockacher Aach zwischen Ludwigshafen und Bodman, stößt man auf das 130 ha große Naturschutz- und Natura 2000-Gebiet Bodenseeufer. Ausgedehnte Röhricht-Sumpfwiesen und alter, verwunschen anmutender Au- und Sumpfwald begrenzen die Flachwasserzone (Abb. Seite 106). Eine Beobachtungsplattform am Seeufer bietet mitten im Schutzgebiet beste Möglichkeiten zur Vogelbeobachtung.

Idyllisch am Südufer des Überlinger Sees gelegen ist das Naturschutzgebiet Bodenseeufer Litzelstetten-Dingelsdorf-Dettingen. Es ist 256 ha groß, mit Röhricht, Feuchtwiesen, Gebüschzonen und Uferwald – für Wasservögel im Winter eine überlebenswichtige Anlauf-, oder besser: Anflugstelle, wie auch weiter südöstlich die Naturschutzgebiete Obere und Untere Güll beidseits der Brücke zur Insel Mainau. Zusammen 96 ha groß, mit Flachwasserzonen, Ufergehölzen und Schilf, erlauben sie vom Land aus vor allem im Winter einen Blick auch auf seltenere Gäste wie Singschwäne.

Untersee, Gnadensee und Zeller See

Unter den Naturschutzgebieten des Bodensees sei dem Wollmatinger Ried nicht nur seiner Größe wegen ein Ehrenplatz eingeräumt. Es ist ein Schutzgebiet von internationaler Bedeutung, Europareservat seit 1973, International Bird Area (IBA) und Natura 2000-Gebiet. Südlich von Konstanz-Wollmatingen am Ostrand des Untersees und westlich von Konstanz gelegen, schließt es nordwestlich an den Seerhein an. Das eigentliche Naturschutzgebiet ist 757 ha groß, hinzu kommt ein 10 ha umfassendes Landschaftsschutzgebiet. Eine Wiesenzone, Riedgebiete und Rohrwälder im Überschwemmungsgebiet westlich von Konstanz prägen das Bild. Betreut wird dieses Refugium vom NABU, ein Naturschutzzentrum vor Ort und Führungsangebote inbegriffen *[16; 22]*. An das Riedgelände schließt sich das ausgedehnte Flachwassergebiet des Ermatinger Beckens an, südlich der Dammstraße zur Insel Reichenau gelegen. Es lässt sich, ebenso wie die Flachwasserzone der Hegnebucht nördlich der Dammstraße, am besten von der Beobachtungsplattform auf der historischen Ruine Schopflen (Abb. Seite 99) aus übersehen. Diese ist einer der besten, zuverlässigsten Beobachtungsplätze für Wasservögel am Bodensee und ermöglicht unvergessliche Naturerlebnisse. Im Winterhalbjahr finden sich hier oft mehr als 50 000 Wasservögel der verschiedensten Arten ein (Abb. Seite 99–101).

Bei Radolfzell am Westende des Gnaden- und des Zeller Sees sind mehrere Naturschutzgebiete Teil der IBA Radolfzeller Aachmündung und Mettnau mit Markelfinger Winkel. Am Nordwestufer des Gnadensees liegt das NSG Bodenseeufer Markelfingen mit 26,2 ha und weiter südlich, auf dem östlichen Teil der Halbinsel Mettnau, das 140 ha umfassende Naturschutz- und Natura 2000-Gebiet Halbinsel Mettnau *[23]*. Westsüdwestlich dann die NSGe Radolfzeller Aachried, 275 ha groß, und Radolfzeller Aachmündung mit 68,7 ha. Einen ausgezeichneten Überblick über das vorhandene Artenspektrum erlaubt unter anderem der Beobachtungsturm im Osten der Halbinsel Mettnau (Abb. Seite 104 oben), und, besonders im Winter, der Steg des Hafens von Moos, von dem aus man Wasservögel auch aus nächster Nähe erleben kann (Abb. Seite 104 unten–105 unten). Zwischen Moos und Gaienhofen-Horn liegen drei weitere Naturschutzgebiete, mit 188 ha ist das NSG Hornspitze/Höri, ein IBA und Natura 2000-Gebiet, das größte und bekannteste. Alle diese Schutzgebiete zeichnen sich durch weitgehend geschützte Flachwasserbereiche und natürlichen Uferbewuchs aus. Tauchenten und Blässhühner schätzen wegen reichlich vorhandener Futterquellen (Wandermuschel) auch die Strecke zwischen Öhningen und Stein am Rhein, die zum Teil bereits als Natura 2000-Gebiet ausgewiesen ist.

Interessante Gewässer in Bodenseenähe

Insgesamt 459 ha Fläche, eine reichhaltige Flachwasserzone, Röhricht, Riedwiesen, Bruchwald und Schafweide zeichnen das Natur- und Landschaftsschutzgebiet, IBA und Natura 2000-Gebiet Mindelsee bei Radolfzell-Möggingen aus. Der eiszeitliche See ist 105 ha groß und 13,5 m tief. Eine Besonderheit: im Sommer Mauserplatz der seltenen Moorente.

Die Salemer Klosterweiher liegen im Gemeindegebiet von Überlingen, Uhldingen-Mühlhofen und Salem. Es handelt sich um bewirtschaftete Fischteiche, umgeben von Rohr- und Bruchwäldern und landwirtschaftlich genutzten Flächen, zusammen 15 km^2 mit 59,3 ha Wasserfläche. Von Interesse sind vor allem die Landschaftsschutzgebiete Salem-Killenweiher, 550 ha, und Bodenseeufer, 3023 ha groß. Wasservögel schätzen sie als Brutgewässer, allen voran Lappentaucher (Zwerg-, Schwarzhals- und Haubentaucher), und als Mauser- und Zugrastplätze.

Von Heimkehrern und Zugereisten
Comeback der Großvögel

Sie sind zurück: Höckerschwan, Graugans, Weißstorch, Uhu, Wanderfalke, Kolkrabe und Kormoran beleben von Neuem die Landschaft am Bodensee. Exzessive Vogeljagd, Giftköder und weitere unerfreuliche Begleiterscheinungen der modernen Zivilisation (Stromschlag auf Freileitungsmasten: [10]) hatten sie als Brutvögel vertrieben; sie galten in der Gegend als ausgerottet. Erst in Folge deutlich verbesserter Schutzmaßnahmen kamen sie zurück.

Neozoen und weitere Neuzugänge

Bei der Rückkehr von Höckerschwan und Graugans, die überwiegend auf entflogene Parkvögel und gezielte Aussetzungen zurückgeht, mischten wilde Artgenossen mit. Die wenigen im Gebiet brütenden Schwarzschwäne sind aber ausschließlich ausgesetzte und verwilderte Tiere bzw. deren Nachkommen. Ihre australisch-tasmanische Herkunft weist sie als Neozoen aus. Weitere ‚Zugereiste': Kanadagans, Nilgans und Rostgans. Ihre Bestände sind gleichfalls auf Gefangenschaftsflüchtlinge und ehemalige Parkvögel zurückzuführen. Die international wegen übermäßiger Bejagung stark reduzierte Rostgans dürfte durch zuwandernde Wildvögel unterstützt werden.

Im Zuge der Klimaerwärmung stellten sich mittlerweile Zistensänger, Felsenschwalbe und Alpensegler als Brutvögel am Bodensee ein. Sie kommen aus südlichen Verbreitungsgebieten.

Störche im Aufwind

Seit er hier nicht mehr verfolgt wird, hat der Schwarzstorch die Riedgebiete nördlich des Bodensees zurückerobert. Er profitiert merklich von den aktuellen Schutzgesetzen und von der mittlerweile in Deutschland flächendeckend vorgeschriebenen Entschärfung elektrischer Freileitungen (‚Killermasten'; [10]). Weiß- und Schwarzstorch sind gegenwärtig wohl mit die populärsten Nutznießer renaturierter und neu geschaffener Biotope.

Gute Aussichten für Seeadler und Co.

Für fünf charismatische Großvogelarten bestehen, nachdem sie früher bis zur lokalen Ausrottung verfolgt wurden, berechtigte Chancen einer Wiederkunft: Fisch- und Seeadler, Kranich, Waldrapp und Silberreiher. Für den Kranich sind die auf Seite 121–125 erwähnten Biotopverbesserungen entscheidend; ferner ist er – wie der Seeadler – auf störungsfreie Bereiche in Seenähe angewiesen. Für die übrigen Arten existieren weiterhin geeignete Lebensräume.

Fisch- und Seeadler können spontan als Brutvögel an den Bodensee zurückkehren, sobald die strengen Schutzauflagen unserer Gesetze und der EU-Vogelschutzrichtlinie in der Region greifen. Für das Wohlergehen des Seeadlers ist der ausnahmslose Verzicht auf bleihaltige Munition unerlässlich. Außerdem ist die – kriminelle – Vergiftung von Wildtieren durch konsequente Ahndung zu reduzieren. Zusätzlich sollten ausreichend große Ruhezonen in Schutz-, noch besser in sogenannten Wildnisentwicklungsgebieten, vorhanden sein (Abb. Seite 108–113). Für den Fischadler reichen wohl zahlreich angebotene Horstplattformen in geschützter, ungestörter Umgebung. Neben anderen profitieren auch diese beiden Arten bereits von der in Deutschland weitgehend abgeschlossenen, gesetzlich vorgeschriebenen Entschärfung der ‚Killermasten' [10]. Sie benötigen großräumige, störungsfreie Lebensräume, solange die illegale Verfolgung und die so ‚addressierte' hohe Fluchtdistanz noch nicht entscheidend eingeschränkt werden konnten. Am Beispiel verschiedener Länder, beispielsweise USA und Kanada, zeigt sich, dass solche Ziele durch gebührende Beachtung der Schutzgesetze bei seriöser Ahndung von Verstößen durchaus erreichbar sind.

‚Märchenvogel' Waldrapp – bald wieder heimisch?

Als naturschutzfachlich herausragender wild lebender Vogel am Bodensee könnte sich schon bald der seit Jahrhunderten verschwundene Waldrapp erweisen. Diese gesellig lebende Ibisart besaß ursprünglich ein riesiges Verbreitungsgebiet, das von Mitteleuropa bis Äthiopien reichte. Im alten Ägypten wurde der Waldrapp über viele Jahrhunderte mystisch verehrt. Abbildungen in Tempeln und Hieroglyphen zeugen davon. Im Mittelalter war die Art noch in zahlreichen Kolonien in unseren mitteleuropäischen Städten vertreten, unter anderem bei Überlingen am Bodensee. Doch dann wurde der Waldrapp als Leckerbissen entdeckt: Die Art wurde schlicht aufgegessen. Königliche Schutzverordnungen mit hoher Strafandrohung kamen durchweg zu spät. Beinahe hätte sie sogar das Schicksal der nordamerikanischen Wandertaube geteilt, die 1914 vollständig ausgerottet war [2]. Zur Rettung des Waldrapps ist es nun unerlässlich, möglichst viele frei lebende Populationen aufzubauen. Das sollte für eine wohlhabende Gesellschaft, die es ernst meint mit ihrer erklärten politischen Zielsetzung zur Erhaltung und Förderung der Biologischen Vielfalt (Biodiversität), eine selbstverständliche und leicht zu bewältigende Aufgabe sein [2; 7]; *[24; 25]*.

Waldrapp ‚Elmar', der im Winter 2013/2014 in Untermarchtal am südlichen Fuß der Schwäbischen Alb überwinterte, bewies eindrucksvoll, wie gut sich die Art hier einnischen und ernähren kann [7]. Das in den Startlöchern stehende Waldrapp-Wiederansiedlungs-Projekt bei Überlingen, im Gebiet einer historisch belegten früheren Waldrappkolonie, ist professionell geplant und begleitet *[26]*. So können wir hoffen, dass der Waldrapp bald wieder als wild lebende und kopfstark brütende Art am Bodensee heimisch wird. Nachdem er in Europa lange als Fantasiegestalt galt oder zumindest als weltweit ausgerottet, wird das wohl ein traumhafter Erfolg für den Artenschutz.

Vogelschutz am Bodensee
Wasservögel in Gefahr

Hauptsaison am Bodensee bedeutet auch: Stress für Wasservögel. Ein Übermaß an Segel-, Motor-, Ruder- und Paddelbooten (Abb. Seite 96 und 97) überzieht nicht nur die offene Seefläche, sondern auch die Randbereiche, die als Ruhe- und Reproduktionsraum für Wasservögel damit entwertet werden. Selbst eher zutrauliche und stressresistente Arten wie Enten, Blässhühner und Haubentaucher verlieren oft ihre Jungen, wenn sie ‚zum Spaß' von Booten angepeilt und zur Flucht durch Abtauchen gezwungen werden. Rowdytum dieser Art widerspricht zwar unserer Tier- und Naturschutzgesetzgebung, ist aber doch so verbreitet, dass außerhalb der ganzjährig geschützten Zonen Bruterfolge längst ungewiss sind. Alljährlich werden verlassene, geschwächte, laut klagende junge Wasservögel aufgegriffen und in Pflegestationen gebracht. Doch nur ein kleiner Teil kann, meist mit großem Aufwand, gerettet werden. Ebenso gesetzwidrig und widerlich ist die Verfolgung adulter Wasservögel, die während der Großgefiedermauser flugunfähig sind, mit schnellen Motorbooten. Man stelle sich nur vor, Autofahrer würden gezielt Tiere ansteuern.

Betretungsverbote im Uferbereich werden nicht selten ignoriert. Ein zusätzliches Gefahrenpotential bergen unverantwortlich ausgeübter Angelsport und Fischfang. Zurückgelassene Angelschnüre und -haken verrotten erst nach Hunderten von Jahren. Leider viel zu oft trifft man auf hilflose oder verendete Vögel, die sich in den Schnüren verfangen oder an den Haken schwer verletzt haben [8].

Helfen würde bereits, die Missstände öffentlich zu machen, etwa durch Protest oder eine Anzeige. Man kann auch die lokale Presse informieren oder sich an Angel- und Sportvereine wenden, die gegenüber Hinweisen auf ‚Schwarze Schafe' in den eigenen Reihen durchaus aufgeschlossen sind. Auch Sporttaucher können zum Vogelschutz beitragen, indem sie unter Wasser aufgefundenen Angelmüll mitnehmen.

Feld- und Wiesenvögel in Not

Der Naturschutz am Bodensee kann auf teils beachtliche Erfolge verweisen. Dennoch blickt man derzeit mit Sorge auf die rasante Bestandsabnahme bei Vögeln der Kulturlandschaft. Ehemals als verbreitete Brutvögel Garanten des Artenreichtums, sind sie nun kaum mehr vertreten bzw. in den letzten Jahrzehnten ganz verschwunden: Rebhuhn, Wachtelkönig, Wiesenweihe, Wiedehopf, Steinkauz, Bekassine, Uferschnepfe, Großer Brachvogel, Flussuferläufer, Kiebitz, Rotkopfwürger, Raubwürger, Wiesenpieper, Baumpieper, Feldlerche, Haubenlerche, Heidelerche, Steinschmätzer, Bluthänfling und Grauammer.

Einige Langstreckenzieher unter den Brutvögeln wie Baumpieper, Gartenrotschwanz, Dorngrasmücke und Wachtelkönig sind besonders gefährdet. Trockenheit, ein verknapptes Nahrungsangebot und andere Widrigkeiten in den Überwinterungsgebieten südlich der Sahara setzen ihnen stark zu. In vielen Durchzugsgebieten droht ihnen weitere erhebliche Dezimierung durch Vogelfang mit Netzen und Leimruten.

Allein schon, um diesem Abwärtstrend entgegenzuwirken, ist die heimische Landwirtschaft, vor allem die Intensivlandwirtschaft, stark gefordert. Das bedeutet: weniger Einsatz von Pestiziden und Düngemitteln, weniger exzessiver Flächenverbrauch, weniger Entwässerungskanäle und nicht zuletzt weniger starre Mahdtermine. Stattdessen wieder mehr Strukturvielfalt und mehr Rücksicht auf die Brutzeiten der Feldvögel.

Einem großen Teil der Vögel, die die Feld-, Sumpf- und Riedlandschaften der Bodenseeregion bewohnen, kann dadurch allerdings nicht ausreichend geholfen werden. Mit traditionellen Naturschutzkonzepten wie aufwändig gepflegten Orchideenwiesen und ungestörten Sukzessionsflächen war und ist der Niedergang dieser herrlichen Geschöpfe allerdings nicht mehr aufzuhalten. Der etablierte Naturschutz ist hier an seine Grenzen gelangt, und man muss feststellen, dass mit den bestehenden Konzepten und Schutzstrategien der Artenschwund in unserer Kulturlandschaft nicht verhindert, sondern bestenfalls verlangsamt wurde.

Große Beachtung findet derzeit das von Prof. Peter Berthold geleitete Bodensee-Projekt der Sielmann-Stiftung ‚Jeder Gemeinde ihr Biotop und jedem Dorf seinen Weiher'. Auf einer Fläche von rund 300 km² von Singen/Schaffhausen bis Friedrichshafen und von Lindau bis nach Sigmaringen hat man bereits an die hundert solcher Refugien geschaffen, vorrangig für seltenere Tier- und Pflanzenarten. So wurden Stillgewässer angelegt, Weideprojekte eingerichtet, Hecken und Feldgehölze gepflanzt und alte Streuobstwiesen aufgewertet. Bedrohte Vogelarten finden hier Nist- und Rastplätze. Wer sich vom Erfolg dieser auch von vielen Anwohnern unterstützten Initiative überzeugen möchte, dem sei beispielsweise ein Besuch des Billafinger Weihers bei Owingen am westlichen Bodensee empfohlen [27; 28; 29; 30].

Trotz dieser beeindruckenden Anzahl neu geschaffener Naturoasen ist absehbar, dass dieser lobenswerte Ansatz nicht wesentlich zu einer Trendwende beim Schutz der Vogelwelt und weiterer hoch bedrohten Arten beitragen kann. Der Flächenumgriff ist einfach zu klein, um wirksam den natürlichen Reichtum einer ganzen Region nachhaltig zu steigern.

Wilde Weiden und Wildnisentwicklungsgebiete statt Traktoren und Mähwiesen

Warum Große Weidetiere?

Ein ganz entscheidendes Biotopelement hat parallel zum Artenschwund an Bedeutung verloren und fehlt heute weitgehend. Gemeint ist die naturnahe Gestaltung der Landschaft durch große Weidetiere, wie sie im Laufe der Koevolution zwischen graswachsenem Offenland und den hier lebenden Vögeln und Säugetieren bis zum Erscheinen des Menschen stattgefunden hat. Nachdem dieser Wildpferde, Auerochsen und Wisente mehr und mehr verdrängt und schließlich ausgerottet hatte, traten an ihre Stelle Haustiere wie Rind, Schwein, Schaf, Ziege und Pferd. Die domestizierten Weidegänger wirkten noch lange bis in das letzte Jahrhundert in der freien Landschaft und formten und gestalteten Vegetation und Aussehen. Nimmt man heute an einer Tagesexkursion in eines der großen Schutzgebiete am See teil, bekommt man oft kein einziges wild lebendes Säugetier zu Gesicht (bzw. vor die Kamera) und meist auch keine großen domestizierten Weidetiere. Die Flächen erscheinen geradezu leergefegt, wenn auch nicht ganz so steril wie viele andere intensiv genutzte Kulturlandschaften (Abb. Seite 110 oben).

Die großen Weidetiere (ab Rothirschgröße), sogenannte Mega-Herbivoren, gehören zu den Apex- oder Spitzenarten, die in der Nahrungskette eine Schlüsselposition im Ökogefüge innehaben. In maritimen Lebensräumen beispielsweise übernehmen Zahnwale diese Rolle, indem sie Nährstoffe in Form ihrer Beutetiere wie Tintenfische aus großen Tiefen an die Oberfläche transportieren. In terrestrischen Ökosystemen aller Klimazonen sind es die Mega-Herbivoren, die über die Modifikation des Pflanzenwuchses, der Pflanzenverbreitung und durch Dung ihren Beitrag leisten – sogar über ihren Tod hinaus, wenn sie zahlreichen Organismen vom unscheinbaren Insekt bis hin zu Adlern und Geiern als überlebensnotwendige Nahrungsquelle dienen [3; 4]; [31; 32].

Apex-Arten auf heimischen Weiden

Während der letzten zwei Jahrzehnte wurden in Deutschland, vor allem in Nord- und Ostdeutschland, ganzjährig extensiv genutzte Weideflächen etabliert. Diese Form des Weidemanagements hat sich als kostengünstiges, effektives und anerkanntes Naturschutzinstrument bewährt. Hierbei lässt man große Weidetiere mehrerer Arten, vorzugsweise Rind und Pferd, dauerhaft und in naturnaher Dichte in der Landschaft leben. ‚Naturnahe Dichte' bedeutet, dass einem Weidetier ungefähr zwei Hektar ganzjährig zur Verfügung stehen. Dies ermöglicht, ohne Gefahr der Schädigung, auch die Einbeziehung von sensiblen Lebensräumen wie Uferränder, Quellstandorte und Gehölze. Statt

Weideschäden entstehen durch Tritt und Biss der großen Pflanzenfresser Sonderstandorte mit zwar geringer Flächenausdehnung, aber hoher Bedeutung für auf Prozessschutz und Dynamik in der Landschaft angewiesene Organismen *[33; 34; 35]*. Auf menschliche Weidepflege, Düngen und Pestizideinsatz wird verzichtet. Durch die Beweidung entsteht ein typisches Mosaik aus Weiderasen, Gehölzen und Hochstauden. Als Weidetiere und Apexarten werden meist robuste Haustierrassen eingesetzt, bevorzugt Rind, Pferd, Wasserbüffel und Esel.

Diese halboffenen Weideflächen stellen bereits wertvolle Zentren der Biodiversität dar, in denen wieder eine Vielzahl natürlicher Prozesse ablaufen kann. So ist die ‚Wiederbelebung' bedrohter Vogelarten, einschließlich der im Kapitel ‚Feld- und Wiesenvögel in Not' erwähnten Arten, längst nachgewiesen [3; 4]; *[32; 36]*. Vor allem die Beweidung von Feuchtgebieten hat zu herausragenden Erfolgen beim Schutz von Wiesenbrütern und Amphibien geführt. Meist arbeitet man dabei, je nach Zielvorgabe, mit einem viel niedrigeren Tierbesatz von 0,1–0,6 Großvieheinheiten pro Hektar (GVE/ha; 1 GVE entspricht einem ausgewachsenen Rind von etwa 500 kg).

Für solche Gebiete, die sich vom ‚Ghetto' vieler kleiner Modell- und Pilotprojekte gelöst haben, eignen sich Naturflächen ab 50 ha Größe. Mit ihrem facettenreichen Landschaftsbild, gestaltet durch urtümliche Robustrassen von Pferd und Rind, fördern sie Naherholung und Tourismus. Ganz im Gegensatz zu den ausgeräumten, nüchternen und monotonen Produktionslandschaften, eine Wohltat für Gemüt und Seele des Menschen!

Wildnisentwicklung zum Vorzeigen
Beispiel Döberitzer Heide

In eine neue Dimension des Naturschutzes stoßen Projekte vor, die bewusst den Rahmen einer landwirtschaftlichen Nutzung verlassen und als Wildnisentwicklungsgebiete bezeichnet werden. Hier sollen große Pflanzenfresser, darunter auch Substitute ausgestorbener Wildtiere wie der Auerochse als integrativer Bestandteil unserer Naturlandschaft wieder ihre Rolle im Ökosystem einnehmen.

Hierzu zählt in Deutschland ‚Sielmanns Naturlandschaft Döberitzer Heide'. Auf dem 3650 ha großen Wildnisentwicklungsgebiet (WEG) entstand unmittelbar vor den Toren Berlins und Potsdams ein in Deutschland und Europa einzigartiger Lebensraum, gestaltet von drei Wildtierarten, den großen Pflanzenfressern Wisent, Przewalskipferd und Rothirsch (ausführliche Infos einschließlich zweier Filme siehe *[37]*).

Beispiel Oostvaardersplassen

Mit etwa 400 solcher Wildnisentwicklungsgebiete auf einer Gesamtfläche von 45 000 ha sind die Niederlande schon deutlich weiter als wir in Deutschland. Das im Jahr 1983 etablierte Projekt ‚Oostvaardersplassen' stand dabei Modell. Betreut wird das Projekt in einem 5600 ha großen Poldergebiet bei Lelystad (Provinz Flevoland) von der niederländischen staatlichen Forstbehörde (Staatsbosbeheer). Noch 1983 wurden Heckrinder ausgewildert, als Ersatz für den ausgerotteten Auerochsen, 1985 Koniks anstelle des als Tarpan bekannten, ebenfalls ausgerotteten westlichen Wildpferds, und 1991 schließlich Rothirsche. Auch zweibeinige Pflanzenfresser wie Graugans und andere Wildgänse haben sich in großer Zahl spontan eingefunden (Abb. Seite 108–113).

Ausschließlich diese Pflanzenfresser wirken als Landschaftsgestalter. Erste Erfolge kamen überraschend schnell. Innerhalb kürzester Zeit haben sich international bedeutende Brutbestände von Rohrdommel, Löffler, Bartmeise, Blaukehlchen und Rohrschwirl entwickelt. Im selben Revier hat der in den Niederlanden ausgerottete Seeadler seinen Platz als Brutvogel zurückerobert. Als Nahrungsgäste haben sich die drei großen europäischen Geierarten Gänse-, Mönchs- und Bartgeier eingestellt.

Die wilden Weiden sind heute als Nahrungsgebiet für zehntausende wandernde Wasser- und Watvögel nicht mehr wegzudenken. Ein in Mitteleuropa einmalig eindrucksvolles Wildnis- und Naturerlebnisgebiet, die ‚Serengeti hinter den Deichen'! Und das in einem der am dichtest besiedelten Gebiete Europas. Ich empfehle jedem Naturschützer und Naturfreund zu jeder Jahreszeit einen Besuch. Die Großtiere leben dort als Wildtiere, werden nicht bejagt, nicht zugefüttert. Sie sind natürlichen Regulationsmechanismen unterworfen (Wintersterblichkeit, Parasitenbefall etc.). Seit Jahren hat sich eine maximal mögliche Dichte eingestellt (2012: 300 Heckrinder, > 1000 Koniks und 3500 Rothirsche). Das ist mehr als 1 GVE/ha geeigneten Biotops. Wegen des sogar für eine extensive Weidewirtschaft sehr hohen Tierbestandes haben sich über 90 % der Fläche zu Weiderasen gewandelt [4]; *[38; 39]*.

Es muss aber einschränkend hinterfragt werden, inwieweit die verantwortlichen Behörden in den Niederlanden nicht gut beraten wären, von Zeit zu Zeit regulierend bei den großen Herbivoren einzugreifen. Damit würde Anschluss an das Management von ebenfalls gezäunten, aber wesentlich größeren Nationalparks in Afrika gewonnen. Ein Beispiel ist der fast 20 000 km^2 große Krüger-Nationalpark in Südafrika, in dem sich große Pflanzenfresser wie Elefanten, Flusspferde und Kaffernbüffel nicht bis zur Tragekapazität des Gebietes vermehren können.

Konzept mit Zukunft

Das Beispiel Oostvaardersplassen hat deutlich gemacht: Auch eine sehr hohe Bevölkerungsdichte wie etwa in den Niederlanden ist kein Hindernis, wenn es darum geht, ein Wildnisentwicklungsgebiet erfolgreich zu etablieren. Erwünschte Biodiversität und positive Regionalentwicklung sind vorbildlich miteinander verknüpft. Denn Landschaften mit urwüchsigem Charakter und reichem Artenangebot bringen frischen Wind in den Tourismus. Bereits heute sind in Europa riesige Flächen zu Wildnisentwicklungsgebieten umgewandelt; weitere sind geplant *[36; 40; 41]*. Möchte die Bodenseeregion an einer solchen, viel versprechenden Entwicklung teilhaben, bedeutet das, vor allem unter Ausschöpfung bereits existierender gesetzlicher Vorgaben und der im wegweisenden Projekt ‚Rewilding Europe' definierten Zielvorgaben, die großen Herbivoren an den Bodensee zurückholen – unvergessliche Naturerlebnisse inbegriffen.

Wasserbüffel im Naturschutzgebiet Schmiechener See auf der Schwäbischen Alb. (25.7.2016)

Bodensee 2030: Träumerei oder realisierbare Vision?

Abseits vom Trubel der Hauptsaison setzt man am Bodensee entschieden auf ‚sanften Tourismus'. Besucher aus aller Welt finden Gefallen an einer strukturreichen, naturnahen Landschaft und einer grandiosen Tierwelt. Erreicht hat man das durch gezielte öffentliche Investitionen in die grüne Infrastruktur und Abruf der im EU-Haushalt dafür vorgesehenen Mittel. Das in einer Größenordnung, wie sie bei der Verkehrsplanung und anderen Infrastrukturprojekten schon längst üblich ist. Beachtet und umgesetzt wurden dabei politische Zielsetzungen im Natur- und Umweltschutz, die schon 2015 in internationalen Abkommen und den politischen Absichtserklärungen der drei Bodensee-Anrainerstaaten festgelegt worden waren. Ähnlich wie im Straßenverkehr werden nun auch Vorgaben zum Natur- und Umweltschutz konsequent eingefordert, so wie das etwa in den USA schon seit Jahrzehnten üblich ist.

In den Riedgebieten werden mittlerweile 25 ‚Wilde Weidelandschaften' von Landwirten betreut. Auf den zum Teil über hundert Hektar großen, schwer zu bewirtschaftenden Flächen sichern ihnen Mittel der öffentlichen Hand ein nachhaltiges Einkommen: Arbeitsplatzbeschaffung und bleibende Wertschöpfung – eine ‚Win-win-Situation' für Mensch, Region und Natur.

Die Wilden Weidelandschaften bilden das Fundament eines noch vor Kurzem nicht für möglich gehaltenen Reichtums der Vogelwelt, aber auch viele weitere Tier- und Pflanzenarten profitieren. Auf den ganzjährigen Weiden grasen Pferde (z. B. Exmoorponys oder Koniks) und Robustrinder (z. B. Taurus- bzw. Heckrinder oder Wasserbüffel). Bei der Zäunung wurde darauf geachtet, dass kleineres Wild wie Reh und Wildschwein jederzeit passieren kann.

Schon nach wenigen Jahren ein Riesenerfolg: das neu geschaffene, 1200 ha große Wildnisentwicklungsgebiet im Vorarlberger Rheindelta. Hierfür hat man Entwässerungsgräben geschlossen, neue Flachgewässer geschaffen, überflutungsgefährdete Äcker und einige Privatgrundstücke am Seeufer aufgekauft und integriert. Nun ist, erstaunlich rasch, ein ursprüngliches Stück Natur ‚auferstanden' – weithin bekannt und beliebt als ganzjähriges und nicht allein touristisches Highlight. Auch die Fachwelt ist beeindruckt. Zahlreiche Ried- und Sumpfvögel, am spektakulärsten Seeadler, Schwarzstorch und Kranich, finden nun ausreichend störungsarme Bruthabitate. Man kann sie von versteckt angelegten Hütten am Gebietsrand aus hervorragend beobachten, ebenso wie die Scharen rastender und überwinternder Wasser- und Watvögel. Ein Publikumsmagnet ist auch die neue Großvogelkolonie: Storch, Grau-, Silber- und Nachtreiher und Kormoran in Interaktion mit dem Seeadler.

Größter Beliebtheit erfreuen sich die eigentlichen Landschaftsgestalter, Pferde, Rinder und Hirsche. Hier, in natürlicher Umgebung und ungestörten Sozialstrukturen, sind sie es, die einem vielfältigen Artenspektrum den Weg bahnen. Verendete Weidetiere bleiben dem natürlichen Nahrungskreislauf überlassen. Am Aas finden sich zahlreiche Säugetiere und Vögel ein, als Greifvögel unter anderem Schell-, Schrei-, Stein- und Seeadler, auch Mäuse-, Raufuß- und Wespenbussard, Rot- und Schwarzmilan sowie durchziehende Weihen. Mit dabei sind wandernde Geier der drei großen europäischen Arten, Gänse-, Mönchs- und Bartgeier. Einige bleiben sogar längerfristig. Davon darf nach den Erfahrungen in den niederländischen Wildnisentwicklungsgebieten durchaus ausgegangen werden.

Ein kleineres Wildnisentwicklungsgebiet im Wollmatinger Ried wird bereits am Anfang seines Bestehens von immaturen Seeadlern aufgesucht – das nächste potentielle Brutgebiet am Bodensee. Bereits eingefunden haben sich Rohrdommel, Kiebitz, Bekassine und der Große Brachvogel. Am Stadtrand von Radolfzell, am Rand des neuen Naturentwicklungsgebiets auf der Mettnau, nistet ein Fischadler-Paar auf einem hohen, weithin sichtbaren Horst. Die Anwohner sind begeistert, ähnlich wie die US-Amerikaner schon seit 40 Jahren in vergleichbaren Fällen, und schützen ‚ihren' Horst mit großem Enthusiasmus. Die Vögel der Waldrapp-Brutkolonie bei Überlingen suchen die wilden Weiden an der Stockacher Aachmündung gern zur Nahrungssuche auf. Diese von Legenden umwobenen Vögel sind in letzter Sekunde vor ihrer gänzlichen Ausrottung bewahrt worden. Jetzt haben sie sich zu Lieblingen der Medien gemausert und einen festen Platz in den Herzen der Menschen.

Literatur

[1] Berthold, P. 2015: *Vogelzug: Eine aktuelle Gesamtübersicht*. 7. Auflage. Primus Verlag. ISBN 978-3-86312-319-2.

[2] Böhm, C. und K. Pegoraro 2011: *Der Waldrapp: Geronticus eremita – Ein Glatzkopf in Turbulenzen*. Die Neue Brehm Bücherei Bd 659. Hohenwarsleben 2011.

[3] Bunzel-Drüke, M. u. a. 2008: *Wilde Weiden. Praxisleitfaden für Ganzjahresbeweidung in Naturschutz und Landschaftsentwicklung*. 95 Seiten, reich illustriert. ISBN 978-3-00-024385-1. Bezug: ABU e. V., Teichstr. 19, 59505 Bad Sassendorf-Lohne. E-Mail: abu@abu-naturschutz.de.

[4] Bunzel-Drüke, M. u. a. 2015: *Naturnahe Beweidung und NATURA 2000 – Ganzjahresbeweidung im Management von Lebensraumtypen und Arten im europäischen Schutzgebietssystem NATURA 2000*. 291 Seiten. ISBN 978-3-9815804-4-0. Heinz Sielmann Stiftung, Duderstadt. Bezug über: Heinz Sielmann Stiftung, Gut Herbigshagen, 37115 Duderstadt. E-Mail: info@sielmann-stiftung.de (*www.sielmann-stiftung.de*).

[5] Gedeon, K. u. a. 2014: *Atlas Deutscher Brutvogelarten*. Stiftung Vogelmonitoring Deutschland und Dachverband Deutscher Avifaunisten, Münster. 800 Seiten. ISBN 978-3-9815543-3-5.

[6] Haas, D. 2000: *Wasservögel – Hybriden und Neozoen aus Sicht des praktischen Naturschutzes*. NABU-Naturschutzfachtagung vom 12. bis 13. Februar 2000 in Braunschweig. (*www.nabu.de/imperia/md/content/nabude/naturschutz/neobiota_braunschweig.pdf*)

[7] Haas, D. 2015: *Waldrapp, eine nahezu ausgerottete Schreitvogelart. Neue Hoffnung in Sicht*. VÖGEL, Heft 2/15, 44–49.

[8] Haas, D., P. Havelka und H.-W. Mittmann 1998: *Neusiedler in menschlichen Siedlungen: Wasservögel in städtischen Gewässern*. Carolinea, Beiheft 11, 67–72. ISSN 0176-4004. Bezug über: dghaas@web.de (5,- € plus Porto).

[9] Haas, D., P. Havelka und H.-W. Mittmann 2000: *Hilflose Vögel*. Arbeitsblätter Vogelschutz 2. ISSN 1438-1699. Bezug über: dghaas@web.de (3,50 € plus Porto).

[10] Haas, D. und B. Schürenberg (Hrsg.) 2008: *Stromtod von Vögeln. Grundlagen und Standards zum Vogelschutz an Freileitungen*. Ökologie der Vögel Bd 26. ISSN 0173-0711. Bezug über: dghaas@web.de (22,80 € plus Porto).

[11] Heine, G., H. Jacoby, H. Leuzinger und H. Stark (Hrsg.) 1999: *Die Vögel des Bodenseegebiets. Vorkommen und Bestand der Brutvögel, Durchzügler und Wintergäste*. Publikation der Ornithologischen Arbeitsgemeinschaft Bodensee (OAB). 847 Seiten. Ornithologische Jahreshefte für Baden-Württemberg 14/15, 1998/99.

[12] Hölzinger, J. (Hrsg.) 1987: *Die Vögel Baden-Württembergs (Avifauna Baden-Württemberg). Gefährdung und Schutz*. Bd 1. Teil 1 Artenschutzprogramm Baden-Württemberg, Grundlagen, Biotopschutz, 1–724. Verlag Eugen Ulmer, Suttgart 1987. ISBN 3-8001-3440-3. (Sowie neun Folgebände dieses reichhaltigen Lebenswerks eines unserer besten Ornithologen).

[13] Mérö, T. O. u. a. 2015: *Habitat management varying in space and time: The effects of grazing and fire management on marshland birds*. Journal of Ornithology 156(3), 579–590 (2015).

[14] Svensson, L. u. a. 2011: *Der Kosmos Vogelführer*. 2. Auflage 2011. Franckh-Kosmos-Verlags-GmbH & Co.KG. ISBN 978-3-440-2384-3.

Tipps

Lenz, N. und A. Hafen 1997: *Entenparadies Bodensee – Lebensbilder von Enten und anderen Wasservögeln*. 96 Seiten. Stadler Verlagsgesellschaft mbH Konstanz. ISBN 3-7977-0341-4.

Reichholf, J. H. 2016: *ORNIS. Das Leben der Vögel*. 272 Seiten. Ullstein Taschenbuch. ISBN 978-3-548-37606-6. Erstausgabe: C. H. Beck 2014.

Beleites, M. 2016: *Land-Wende. Raus aus der Wettbewerbsfalle!* Metropolis-Verlag, Marburg. 1184 Seiten. ISBN 978-3-7316-1203-2.

Sächsische Vogelschutzwarte Neschwitz e. V. 2014: *Vogelschutz auf Ackerland, Praxishandbuch für Landwirte*. Merkhefte zum Vogelschutz. 33 Seiten (*www.vogelschutzwarte-neschwitz.de*).

Weblinks (Stand 05/2017)

[15] *www.neozoen-bodensee.de*
[16] *www.nabu-wollmatingerried.de*
[17] *www.bodensee-vorarlberg.com/de/Kongresse.Gruppenreisen-Ausflugstipps/Locations/detail/18*
[18] *www.rheindelta.com*
[19] *ec.europa.eu/environment/life/project/Projects/index.cfm?fuseaction=home.showFile&rep =file&fil=Myosotis_Infobuch_DE.pdf*
[20] *www.kreuzlingen.ch/verwaltung/bauverwaltung/umwelt-und-energie/naturschutzgebietebiete-in-kreuzlingen.html*
[21] *www.bodensee-ornis.de/informationen-zum-bodensee/beobachtungsgebiete/eriskircher-ried*
[22] *www.bodensee-ornis.de/informationen-zum-bodensee/beobachtungsgebiete/wollmatinger-ried*
[23] *www.nabu-mettnau.de*
[24] *www.waldrapp.eu*
[25] *www.spektrum.de/news/johannes-und-die-waldrappe/1007184*
[26] *www.swp.de/ulm/nachrichten/suedwestumschau/Der-in-Europa-ausgestorbene-Waldrapp-soll-am-Bodensee-heimisch-werden;art4319,2948170*
[27] *www.sielmann-stiftung.de/natur-erleben-schuetzen/biotopverbund-bodensee*
[28] *www.schwarzwaelder-bote.de/inhalt.artenschutz-schluss-mit-eintoenigkeit-her-mit-den-weihern.8e69a51e-7813-428e-bd13-edc67fac2c0d.html*
[29] *www.nachrichten-regional.de/index.php/rhein-pfalz-kreis/2791-das-biotop-ein-erfolgreiches-naturschutzprojekt-zur-wiederbelebung-der-artenvielfalt.html*
[30] *www.zeit.de/2014/28/artensterben-biodiversitaet-biotop-2*
[31] *de.wikipedia.org/wiki/Pleistocene_Rewilding*
[32] *www.jaegerstiftung.de*
[33] *https://de.wikipedia.org/wiki/Prozessschutz*
[34] *www.bfn.de/0316_wildnis-natura2000.html*
[35] *http://www.europarc-deutschland.de/wp-content/uploads/2012/09/Marc-Harthun_Gilt-der-Prozessschutz-für-alle-Lebewesen.pdf*
[36] *assets.panda.org/downloads/rewilding_europe_initiative_brochure.pdf*
[37] *www.sielmann-stiftung.de/natur-erleben-schuetzen/doeberitzer-heide*
[38] *de.wikipedia.org/wiki/Oostvaardersplassen*
[39] *www.nach-holland.de/nach-holland-blog/orte-und-events/421-die-realitaet-hinter-dem-film-die-oostvaardersplassen*
[40] *www.rewildingeurope.com/news/new-publication-sharing-practices-on-natural-grazing-in-europe/*
[41] *www.rewildingeurope.com*

Direktlink zum Rundbrief-Archiv der Ornithologischen Arbeitsgemeinschaft Bodensee (OAB): *www.bodensee-ornis.de/service/rundbrief-archiv*

Link zu ‚Taurus Naturentwicklung e. V.' (siehe Seite 8): *www.bfn.de/fileadmin/MDB/documents/ina/vortraege/2010-Grazing-Bunzel-Drueke_Reisinger.pdf*

Kleine Weblink-Auswahl zur Wiederansiedlung des Wisents:
www.wwf.de/2013/april/europaeischer-bison-kehrt-zurueck
www.hiking-blog.de/aktuelles/wisent-herde-in-die-freie-wildbahn-entlassen
www.wissenschaft.de/archiv/-/journal_content/56/12054/1604262/Der-Wisent-kehrt-zurück

Tabellarischer Überblick über die sicher registrierten Vogelarten*

Tabelle 1: Liste der Vogelarten, die alljährlich/fast alljährlich am Bodensee registriert werden. Die Namen derjenigen Arten, die am gesamten See und in umgebenden Biotopen häufig angetroffen werden können, sind **fett** hervorgehoben und die betreffenden Zeilen hellgrau unterlegt. – Abkürzungen: h häufig; s selten; u unregelmäßig/nicht alljährlich registriert; B Brutvogel; D Durchzügler; G Gefangenschaftsflüchtling; Gu umherstreifender Gast; J Jahresvogel; So Sommergast; W Wintergast.

Name	Status	Beste Beobachtungsmonate
Sterntaucher *(Gavia stellata)*	sD; sW	10–5
Prachttaucher *(Gavia arctica)*	sD; sW	10–5
Eistaucher *(Gavia immer)*	suW	11–4
Zwergtaucher *(Tachybaptus ruficollis)*	sB; hD; hW; hJ	
Haubentaucher *(Podiceps cristatus)*	hB; hJ	
Rothalstaucher *(Podiceps grisegena)*	suB; sD; sW	
Ohrentaucher *(Podiceps auritus)*	sD; sW	9–6
Schwarzhalstaucher *(Podiceps nigricollis)*	sB; hD; sW	
Kormoran *(Phalacrocorax carbo)*	B; hD; hW; hJ	
Rohrdommel *(Botaurus stellaris)*	suB; sD; sW	9–3
Zwergdommel *(Ixobrychus minutus)*	sB; sD	5–9
Nachtreiher *(Nycticorax nycticorax)*	suB; D; So	4–9
Rallenreiher *(Ardeola ralloides)*	suD; suSo	5–6
Kuhreiher *(Bubulcus ibis)*	suD; suSo	4–8
Seidenreiher *(Egretta garzetta)*	sD	4–9
Silberreiher *(Casmerodius albus)*	hD; hW; sSo	8–5
Graureiher *(Ardea cinerea)*	B; J; hD; hW	
Purpurreiher *(Ardea purpurea)*	suB; D; So	3–10
Schwarzstorch *(Ciconia nigra)*	sD	3–5; 8–10
Weißstorch *(Ciconia ciconia)*	B; hD; sW	
Waldrapp *(Geronticus eremita)* (Wiederansiedlung geplant ab 2017)	sGu	
Sichler *(Plegadis falcinellus)*	suD	
Löffler *(Platalea leucorodia)*	sD	
Höckerschwan *(Cygnus olor)*	hB; hD; hW	
Singschwan *(Cygnus cygnus)*	sD; sW	
Zwergschwan *(Cygnus columbianus)*	sW	
Schwarzschwan *(Cygnus atratus)*	G; Gu; suB	
Saatgans *(Anser fabalis)*	sD; sW	
Blässgans *(Anser albifrons)*	sD; sW	
Graugans *(Anser anser)*	hB; hJ	
Kanadagans *(Branta canadensis)*	sB; sW; G	
Weißwangengans *(Branta leucopsis)*	sG	
Ringelgans *(Branta bernicla)*	meist sG	
Nilgans *(Alopochen aegyptiaca)*	B; G; J	
Rostgans *(Tadorna ferruginea)*	B; hJ; z. T. G	
Brandgans *(Tadorna tadorna)*	sD; sW	
Moschusente *(Cairina moschata)* (domestizierte Form)	sG	

*Die Tabellen basieren auf Print-/Online-Publikationen der Ornithologischen Arbeitsgemeinschaft Bodensee.

Name	Status	Beste Beobachtungsmonate
Brautente *(Aix sponsa)*	sG	
Mandarinente *(Aix galericulata)*	sG; sB	
Pfeifente *(Anas penelope)*	hD; hW	9–4
Schnatterente *(Anas strepera)*	hJ; D; B; W	
Spießente *(Anas acuta)*	hD; hW; suB	9–5
Krickente *(Anas crecca)*	sB; hD; hW	
Stockente *(Anas platyrhynchos)*	hB; hJ; hD; hW	
Knäkente *(Anas querquedula)*	s; B; D	
Löffelente *(Anas clypeata)*	sB; hD; sW	
Kolbenente *(Netta rufina)*	hB; hJ	
Tafelente *(Aythya ferina)*	sB; hD; sW	
Moorente *(Aythya nyroca)*	suB; D; W	
Reiherente *(Aythya fuligula)*	hB; D; hW	
Bergente *(Aythya marila)*	sD; sW	
Eiderente *(Somateria mollissima)*	s; J	
Eisente *(Clangula hyemalis)*	sD; sW	
Trauerente *(Melanitta nigra)*	sD; sW	10–3
Samtente *(Melanitta fusca)*	sD; sW	10–5
Schellente *(Bucephala clangula)*	hD; hW; sJ	
Zwergsäger *(Mergellus albellus)*	sW	
Mittelsäger *(Mergus serrator)*	sD; sW	
Gänsesäger *(Mergus merganser)*	sB; hD; hW	
Wespenbussard *(Pernis apivorus)*	sB; hD	5; 8–9
Schwarzmilan *(Milvus migrans)*	h; B; D	2–11
Rotmilan *(Milvus milvus)*	B; D; sW	
Seeadler *(Haliaeetus albicilla)*	sW	
Gänsegeier *(Gyps fulvus)*	suG	
Rohrweihe *(Circus aeruginosus)*	sB; sD	3–10
Kornweihe *(Circus cyaneus)*	sD; sW	10–4
Wiesenweihe *(Circus pygargus)*	sD, früher B	4–5; 8–9
Steppenweihe *(Circus macrourus)*	sD	
Habicht *(Accipiter gentilis)*	sB;W	
Sperber *(Accipiter nisus)*	B; J; D	
Mäusebussard *(Buteo buteo)*	hB; hJ; hD; hW	
Raufußbussard *(Buteo lagopus)*	sD; sW	
Steinadler *(Aquila chrysaetos)*	sGu	
Fischadler *(Pandion haliaetus)*	D	3–5; 8–10
Turmfalke *(Falco tinnunculus)*	hB; hJ, D; W	
Rotfußfalke *(Falco vespertinus)* (Bruten 1956 und 1977)	D	5–6; 8–10
Merlin *(Falco columbarius)*	sD, sW	9–4
Baumfalke *(Falco subbuteo)*	sB; D	4–10
Wanderfalke *(Falco peregrinus)*	sB; J; D; W	
Rebhuhn *(Perdix perdix)*	sB; J	
Wachtel *(Coturnix coturnix)*	sB	4–10
Fasan *(Phasianus colchicus)*	B; J	
Wasserralle *(Rallus aquaticus)*	B; D; sW	

Name	Status	Beste Beobachtungsmonate
Tüpfelsumpfhuhn *(Porzana porzana)*	suB; D	3–5; 8–10
Kleines Sumpfhuhn *(Porzana parva)*	s, B, D	3–9
Zwergsumpfhuhn *(Porzana pusilla)*	s; D; B?	4–9
Wachtelkönig *(Crex crex)*	suB; sD	
Teichhuhn *(Gallinula chloropus)*	B; J	
Blässhuhn *(Fulica atra)*	hB; J; D; W	
Kranich *(Grus grus)*	D; sW	3–4; 10–11
Austernfischer *(Haematopus ostralegus)*	sD; sW	
Stelzenläufer *(Himantopus himantopus)*	sGu	4–6
Säbelschnäbler *(Recurvirostra avosetta)* (Brutversuch 1971)	sD	
Triel *(Burhinus oedicnemus)*	sD	
Rotflügel-Brachschwalbe *(Glareola pratincola)*	suD	5–6
Flussregenpfeifer *(Charadrius dubius)*	sB; D	4–5; 7–10
Sandregenpfeifer *(Charadrius hiaticula)*	sD	3–6; 8–10
Seeregenpfeifer *(Charadrius alexandrinus)*	sD	4–6; 9–10
Mornellregenpfeifer *(Charadrius morinellus)*	suD	4; 8–9
Goldregenpfeifer *(Pluvialis apricaria)*	sD; suW	3–4; 9–10
Kiebitzregenpfeifer *(Pluvialis squatarola)*	sD; suW	4–6; 9–11
Kiebitz *(Vanellus vanellus)*	sB; hD; sW	
Knutt *(Calidris canutus)*	sD	5–6; 8–10
Sanderling *(Calidris alba)*	sD	5; 8–11
Zwergstrandläufer *(Calidris minuta)*	D	4–6, 7–11
Temminckstrandläufer *(Calidris temminckii)*	sD	5; 7–10
Graubruststrandläufer *(Calidris melanotos)*	su Gu	
Sichelstrandläufer *(Calidris ferruginea)*	sD	3–6; 7–10
Alpenstrandläufer *(Calidris alpina)*	hD; sW	7–5
Sumpfläufer *(Limicola falcinellus)*	su D	5; 8–9
Kampfläufer *(Philomachus pugnax)*	hD; suW	3–5; 7–10
Zwergschnepfe *(Lymnocryptes minimus)*	sD; suW	3–4; 9–11
Bekassine *(Gallinago gallinago)*	sB; hD; sW	3–4; 8–11
Doppelschnepfe *(Gallinago media)*	suD	5–6; 8–11
Waldschnepfe *(Scolopax rusticola)*	sB; sD; sW	
Uferschnepfe *(Limosa limosa)*	sB; sD; suW	
Pfuhlschnepfe *(Limosa lapponica)*	sD	3–5; 8–10
Regenbrachvogel *(Numenius phaeopus)*	sD	4–5; 7–9
Großer Brachvogel *(Numenius arquata)*	sB(abnehmend); hD; W	3–4; 7–11
Dunkler Wasserläufer *(Tringa erythropus)*	sD; suW	3–5; 8–11
Rotschenkel *(Tringa totanus)*	hD	3–6; 7–11
Teichwasserläufer *(Tringa stagnatilis)*	sD	3–10
Grünschenkel *(Tringa nebularia)*	D	4–5; 7–10
Waldwasserläufer *(Tringa ochropus)*	D; sW	3–4; 6–9
Bruchwasserläufer *(Tringa glareola)*	hD	4–5; 7–10
Flussuferläufer *(Actitis hypoleucos)*	D; suB; sW	4–5; 7–9
Steinwälzer *(Arenaria interpres)*	D; suW	5; 8–10
Odinshühnchen *(Phalaropus lobatus)*	suD	6–10
Thorshühnchen *(Phalaropus fulicarius)*	suD; suW	9–1

Name	Status	Beste Beobachtungsmonate
Spatelraubmöwe *(Stercorarius pomarinus)*	sD	9–1
Schmarotzerraubmöwe *(Stercorarius parasiticus)*	sD	5–11
Falkenraubmöwe *(Stercorarius longicaudus)*	suD	6; 9–11
Skua *(Stercorarius skua)*	suD	9–12
Schwarzkopfmöwe *(Larus melanocephalus)*	sB; sD; suW	3–6; 8–11
Zwergmöwe *(Hydrocoloeus minutus)*	D	4–6; 7–11
Lachmöwe *(Chroicocephalus ridibundus)*	hJ; hB; hD; hW	
Sturmmöwe *(Larus canus)*	sB; hD; hW	
Heringsmöwe *(Larus fuscus)*	D; W	8–5
Silbermöwe *(Larus argentatus)*	sJ	7–3
Mittelmeermöwe *(Larus michahellis)*	sB; hJ	
Steppenmöwe *(Larus cachinnans)*	sJ; hW	
Mantelmöwe *(Larus marinus)*	sD; suW; suSo	
Dreizehenmöwe *(Rissa tridactyla)*	suD	alle außer 6
Lachseeschwalbe *(Gelochelidon nilotica)*	suD (abnehmend)	6–7
Raubseeschwalbe *(Hydroprogne caspia)*	sD	4–6; 8–11
Brandseeschwalbe *(Sterna sandvicensis)*	sD	
Flussseeschwalbe *(Sterna hirundo)*	sB; hD	4–10
Küstenseeschwalbe *(Sterna paradisaea)*	sD; uB (1 × Mischbrut mit Flussseeschwalbe)	4–8
Zwergseeschwalbe *(Sternula albifrons)*	D; Gu	5–9
Weißbartseeschwalbe *(Chlidonias hybrida)*	suD	4–9
Trauerseeschwalbe *(Chlidonias niger)*	hD	4–6; 7–9
Weißflügel-Seeschwalbe *(Chlidonias leucopterus)*	sD	5; 8–9
Straßentaube *(Columba livia f. domestica)*	hJ	
Hohltaube *(Columba oenas)*	sB	4–11
Ringeltaube *(Columba palumbus)*	hB; hD; sW	
Türkentaube *(Streptopelia decaocto)*	hB; hJ	
Turteltaube *(Streptopelia turtur)*	sB; sD	5–6; 8–10
Kuckuck *(Cuculus canorus)*	B; D	4–9
Schleiereule *(Tyto alba)*	B; J	
Uhu *(Bubo bubo)*	sB; J	
Sperlingskauz *(Glaucidium passerinum)*	s Gu	
Steinkauz *(Athene noctua)*	sJ; als B jüngst ausgestorben	
Waldkauz *(Strix aluco)*	B; J	
Waldohreule *(Asio otus)*	B; J	
Sumpfohreule *(Asio flammeus)*	D; sW; sSo	4; 10
Ziegenmelker *(Caprimulgus europaeus)*	sD	5–9
Mauersegler *(Apus apus)*	hB; hD	4–10
Alpensegler *(Apus melba)*	sD; sB	
Eisvogel *(Alcedo atthis)*	sB; sJ	
Bienenfresser *(Merops apiaster)*	sD; suB	
Blauracke *(Coracias garrulus)*	suG	5–7
Wiedehopf *(Upupa epops)*	sD; suB	4–6; 8–9
Wendehals *(Jynx torquilla)*	sB, sD	3–8
Grauspecht *(Picus canus)*	B; J	
Grünspecht *(Picus viridis)*	B; J	

Name	Status	Beste Beobachtungsmonate
Schwarzspecht *(Dryocopus martius)*	B; J	
Buntspecht *(Dendrocopos major)*	B; J	
Mittelspecht *(Dendrocopos medius)*	sB; sJ	
Kleinspecht *(Dendrocopos minor)*	B; J	
Dreizehenspecht *(Picoides tridactylus)*	suG	
Kurzzehenlerche *(Calandrella brachydactyla)*	sD	
Haubenlerche *(Galerida cristata)*	(B bis 1924); suG	
Heidelerche *(Lullula arborea)*	sB; D	3; 10
Feldlerche *(Alauda arvensis)*	hB (stark abnehmend); hD; sW	
Uferschwalbe *(Riparia riparia)*	sB; hD	4–9
Felsenschwalbe *(Ptyonoprogne rupestris)*	sB	
Rauchschwalbe *(Hirundo rustica)*	hB(stark abnehmend); hD	4–10
Mehlschwalbe *(Delichon urbicum)*	hB, hD	4–9
Spornpieper *(Anthus richardi)*	suD	3–5; 9–10
Brachpieper *(Anthus campestris)*	sD	4–5; 8–9
Baumpieper *(Anthus trivialis)*	B (stark abnehmend); D	3–10
Wiesenpieper *(Anthus pratensis)*	hD; hW; B bis 1980	3–4; 9–12
Rotkehlpieper *(Anthus cervinus)*	sD	4–5; 9–10
Bergpieper *(Anthus spinoletta)*	hD; hW	
Schafstelze *(Motacilla flava)*	sB, hD	3–5; 8–10
Gebirgsstelze *(Motacilla cinerea)*	B; D; sW	
Bachstelze *(Motacilla alba)*	hB; hD; sW	
Seidenschwanz *(Bombycilla garrulus)*	sD; sW	
Wasseramsel *(Cinclus cinclus)*	B; J	
Zaunkönig *(Troglodytes troglodytes)*	hB; hD; hJ	
Heckenbraunelle *(Prunella modularis)*	hB; hD; sW	
Alpenbraunelle *(Prunella collaris)*	suW	
Rotkehlchen *(Erithacus rubecula)*	hB; hJ; hD	
Nachtigall *(Luscinia megarhynchos)*	sB	4–9
Blaukehlchen *(Luscinia svecica)*	sD; suB	3–5; 8–10
Hausrotschwanz *(Phoenicurus ochruros)*	hB; hD; sW	9–10
Gartenrotschwanz *(Phoenicurus phoenicurus)*	B; D (stark abnehmend)	4–10
Braunkehlchen *(Saxicola rubetra)*	sB; hD	4–10
Schwarzkehlchen *(Saxicola rubicola)*	sB; sD	3–10
Steinschmätzer *(Oenanthe oenanthe)*	(ehemaliger B); hD	3–5; 8–11
Ringdrossel *(Turdus torquatus)*	D	3–4; 9–10
Amsel *(Turdus merula)*	(häufigste Art am Bodensee); hB; hJ	
Wacholderdrossel *(Turdus pilaris)*	hB; hJ; hD	
Singdrossel *(Turdus philomelos)*	hB; hD	2–10
Rotdrossel *(Turdus iliacus)*	D; sW	3–4; 10–11
Misteldrossel *(Turdus viscivorus)*	hB; hD; sW	4–9
Feldschwirl *(Locustella naevia)*	B	4–9
Schlagschwirl *(Locustella fluviatilis)*	uG; uB?	
Rohrschwirl *(Locustella luscinioides)*	sB; D	4–10
Zistensänger *(Cisticola juncidis)*	(gesicherte Brut 2015); suG; suB	

Name	Status	Beste Beobachtungsmonate
Seggenrohrsänger *(Acrocephalus paludicola)*	suD	4–6; 8–10
Schilfrohrsänger *(Acrocephalus schoenobaenus)*	suB; hD	4–5; 8–9
Sumpfrohrsänger *(Acrocephalus palustris)*	hB; hD	5–9
Teichrohrsänger *(Acrocephalus scirpaceus)*	hB; hD	4–10
Drosselrohrsänger *(Acrocephalus arundinaceus)*	sB; sD	4–8
Gelbspötter *(Hippolais icterina)*	hB; hD	4–9
Orpheusspötter *(Hippolais polyglotta)*	suSo	
Klappergrasmücke *(Sylvia curruca)*	B; D	4–9
Dorngrasmücke *(Sylvia communis)*	B; D	4–9
Gartengrasmücke *(Sylvia borin)*	hB; hD	4–10
Mönchsgrasmücke *(Sylvia atricapilla)*	hB; hD; sW	3–10
Berglaubsänger *(Phylloscopus bonelli)*	sB; sD (abnehmend)	4–8
Waldlaubsänger *(Phylloscopus sibilatrix)*	B; D (stark abnehmend)	4–9
Zilpzalp *(Phylloscopus collybita)*	hB; hD; sW	4–10
Fitis *(Phylloscopus trochilus)*	hB; hD (stark abnehmend)	4–8
Wintergoldhähnchen *(Regulus regulus)*	hB; hJ; hD	
Sommergoldhähnchen *(Regulus ignicapilla)*	hB; hD; suW	3–10
Grauschnäpper *(Muscicapa striata)*	hB; hD	4–10
Zwergschnäpper *(Ficedula parva)*	suD	5–6; 8–9
Halsbandschnäpper *(Ficedula albicollis)*	sD	4–5; 7–9
Trauerschnäpper *(Ficedula hypoleuca)*	sB; hD	4–10
Bartmeise *(Panurus biarmicus)*	sB; sJ	
Schwanzmeise *(Aegithalos caudatus)*	hB; hJ	
Sumpfmeise *(Poecile palustris)*	hB; hJ	
Weidenmeise *(Poecile montanus)*	sB; sJ	
Haubenmeise *(Lophophanes cristatus)*	B; J	
Tannenmeise *(Periparus ater)*	hB; hD; hJ	
Blaumeise *(Cyanistes caeruleus)*	hB; hD; hJ	
Kohlmeise *(Parus major)*	hB; hD; hJ	
Kleiber *(Sitta europaea)*	hB; hJ	
Mauerläufer *(Tichodroma muraria)*	sW	
Waldbaumläufer *(Certhia familiaris)*	hB; hJ	
Gartenbaumläufer *(Certhia brachydactyla)*	hB; hJ	
Beutelmeise *(Remiz pendulinus)*	sB; sD; suW	3–11
Pirol *(Oriolus oriolus)*	B; D	5–9
Neuntöter *(Lanius collurio)*	B; D	5–10
Raubwürger *(Lanius excubitor)*	B bis 1977; sD; sW	8–4
Rotkopfwürger *(Lanius senator)*	suB bis 1990; suD	
Eichelhäher *(Garrulus glandarius)*	hB; hD; hJ	
Elster *(Pica pica)*	hB; hJ	
Tannenhäher *(Nucifraga caryocatactes)*	sB; sJ	
Alpendohle *(Pyrrhocorax graculus)*	sGu	
Dohle *(Corvus monedula)*	sB; hD; J	
Saatkrähe *(Corvus frugilegus)*	hD; hW; uB (Versuch)	10–3
Rabenkrähe *(Corvus corone)*	hB; hJ	
Nebelkrähe *(Corvus cornix)*	sW	
Kolkrabe *(Corvus corax)*	sB; sJ	
Star *(Sturnus vulgaris)*	hB; hD; sW	2–11

Name	Status	Beste Beobachtungsmonate
Haussperling *(Passer domesticus)*	hB; hJ	
Feldsperling *(Passer montanus)*	hB; hD; hJ	
Buchfink *(Fringilla coelebs)*	hB; hD; hJ	
Bergfink *(Fringilla montifringilla)*	hD; hW	10–4
Girlitz *(Serinus serinus)*	hB; hD; sW	3–10
Zitronenzeisig *(Carduelis citrinella)*	suW	
Grünling *(Carduelis chloris)*	hB; hD; hJ	
Stieglitz *(Carduelis carduelis)*	hB; hD; hJ	
Erlenzeisig *(Carduelis spinus)*	sB; hD; hW	10–5
Bluthänfling *(Carduelis cannabina)*	B; D; sW	3–10
Berghänfling *(Carduelis flavirostris)*	sW	
Birkenzeisig *(Carduelis flammea)*	sB; sD; sJ	
Fichtenkreuzschnabel *(Loxia curvirostra)*	B; D; J	
Karmingimpel *(Carpodacus erythrinus)*	sSo; suB	
Gimpel *(Pyrrhula pyrrhula)*	hB; hJ	
Kernbeißer *(Coccothraustes coccothraustes)*	hB; hD; hJ	
Schneeammer *(Plectrophenax nivalis)*	sD; sW	11–3
Goldammer *(Emberiza citrinella)*	hB; hD; hJ	
Zaunammer *(Emberiza cirlus)*	suB; suW	
Zippammer *(Emberiza cia)*	suW	
Ortolan *(Emberiza hortulana)*	sD	4–5; 8–10
Rohrammer *(Emberiza schoeniclus)*	hB; hD; sW	3–10
Grauammer *(Emberiza calandra)*	sB; sD; sW	

Tabelle 2: Liste der Ausnahmeerscheinungen, von denen gesicherte Nachweise vorliegen, darunter auch einige Arten, die alljährlich durchziehen, aber nur schwer zu registrieren sind. – Abkürzungen: B Brutvogel; G Gefangenschaftsflüchtling

Name; Status	Name; Status
Gelbschnabeltaucher *(Gavia adamsii)*	Schneegans *(Anser caerulescens)*; G
Gelbschnabelsturmtaucher *(Calonectris diomedea)*	Streifengans *(Anser indicus)*; G
Atlantiksturmtaucher *(Puffinus puffinus)*	Kaisergans *(Anser canagica)*; G
Kleiner Sturmtaucher *(Puffinus assimilis)*	Höckergans *(Anser cygnoides)*; G
Sturmschwalbe *(Hydrobates pelagicus)*	Kurzschnabelgans *(Anser brachyrhynchus)*; G?
Krähenscharbe *(Phalacrocorax aristotelis)*	Rothalsgans *(Branta ruficollis)*; z.T. G
Zwergscharbe *(Phalacrocorax pygmeus)*	Graukopfkasarka *(Tadorna cana)*; G
Afrikanischer Schlangenhalsvogel *(Anhinga rufa)*; G	Paradieskasarka *(Tadorna variegata)*; G
Rosapelikan *(Pelecanus onocrotalus)*	Rotschulterente *(Callonetta leucophrys)*; G
Krauskopfpelikan *(Pelecanus crispus)*; G?	Chilepfeifente *(Anas sibilatrix)*; G
Rötelpelikan *(Pelecanus rufescens)*; G	Amerikanische Krickente *(Anas crecca carolinensis)*
Küstenreiher *(Egretta gularis)*; G	Fleckschnabelente *(Anas poecilorhyncha)*; G
Heiliger Ibis *(Threskiornis aethiopicus)*; G	Bahamaente *(Anas bahamensis)*; G
Afrikanischer Löffler *(Platalea alba)*; G	Blauflügelente *(Anas discors)*; G?
Rosaflamingo *(Phoenicopterus ruber)*	Zimtente *(Anas cyanoptera)*; G
Chileflamingo *(Phoenicopterus chilensis)*; G	Kap-Löffelente *(Anas smithii)*; G
Gelbe Baumente *(Dendrocygna bicolor)*; G	Halbmond-Löffelente *(Anas rhynchotis)*; G
Herbstpfeifgans *(Dendrocygna autumnalis)*; G	Marmelente *(Marmaronetta angustirostris)*; G

Name; Status	Name; Status
Peposakaente *(Netta peposaca)*; G	Dünnschnabelmöwe *(Larus genei)*
Ringschnabelente *(Aythya collaris)*	Ringschnabelmöwe *(Larus delawarensis)*
Scheckente *(Polysticta stelleri)*; G	Eismöwe *(Larus hyperboreus)*
Kragenente *(Histrionicus histrionicus)*; z. T. G	Rüppellseeschwalbe *(Sterna bengalensis)*
Weißkopf-Ruderente *(Oxyura leucocephala)*; z. T. G?	Tordalk *(Alca torda)*
Schwarzkopf-Ruderente *(Oxyura jamaicensis)*; G	Orientturteltaube *(Streptopelia orientalis)*
Gleitaar *(Elanus caeruleus)*	Mönchssittich *(Myiopsitta monachus)*; G; Freibrut in Konstanz
Mönchsgeier *(Aegypius monachus)*; G	
Schlangenadler *(Circaetus gallicus)*	Halsbandsittich *(Psittacula krameri)*; G
Adlerbussard *(Buteo rufinus)*	Großer Alexandersittich *(Psittacula eupatria)*; G
Schreiadler *(Aquila pomarina)*	Häherkuckuck *(Clamator glandarius)*
Schelladler *(Aquila clanga)*	Zwergohreule *(Otus scops)*
Steppenadler *(Aquila nipalensis)*; G?	Raufußkauz *(Aegolius funereus)*
Zwergadler *(Hieraaetus pennatus)*	Kalanderlerche *(Melanocorypha calandra)*
Habichtsadler *(Aquila fasciata)*	Ohrenlerche *(Eremophila alpestris)*
Rötelfalke *(Falco naumanni)*	Rötelschwalbe *(Cecropis daurica)*
Sakerfalke *(Falco cherrug)*; z. T. G	Zitronenstelze *(Motacilla citreola)*
Gerfalke *(Falco rusticolus)*	Sprosser *(Luscinia luscinia)*
Haselhuhn *(Bonasa bonasia)*; B bis 1934	Erddrossel *(Zoothera dauma)*
Birkhuhn *(Tetrao tetrix)*; B bis 1945	Mariskensänger *(Acrocephalus melanopogon)*
Auerhuhn *(Tetrao urogallus)*	Feldrohrsänger *(Acrocephalus agricola)*
Steinhuhn *(Alectoris graeca)*; B am Pfänder bis 1907	Buschrohrsänger *(Acrocephalus dumetorum)*
Purpurhuhn *(Porphyrio porphyrio)*	Blassspötter *(Hippolais pallida)*
Jungfernkranich *(Anthropoides virgo)*; G	Buschspötter *(Hippolais caligata)*
Kronenkranich *(Balearica pavonina)*; G	Weißbartgrasmücke *(Sylvia cantillans)*
Zwergtrappe *(Tetrax tetrax)*	Sperbergrasmücke *(Sylvia nisoria)*
Großtrappe *(Otis tarda)*	Grünlaubsänger *(Phylloscopus trochiloides)*
Rennvogel *(Cursorius cursor)*	Gelbbrauen-Laubsänger *(Phylloscopus inornatus)*
Wüstenregenpfeifer *(Charadrius leschenaultii)*	Tienschan-Laubsänger *(Phylloscopus humei)*
Steppenkiebitz *(Chettusia gregaria)*	Isabellwürger *(Lanius isabellinus)*
Weißschwanzkiebitz *(Chettusia leucura)*	Schwarzstirnwürger *(Lanius minor)*; 1930 als Brutvogel ausgestorben
Sandstrandläufer *(Calidris pusilla)*	
Rotkehl-Strandläufer *(Calidris ruficollis)*	Rosenstar *(Sturnus roseus)*
Wiesenstrandläufer *(Calidris minutilla)*	Steinsperling *(Petronia petronia)*
Weißbürzel-Strandläufer *(Calidris fuscicollis)*	Oryxweber *(Euplectes orix)*; G
Bairdstrandläufer *(Calidris bairdii)*	Wachtelastrild *(Ortygospiza atricollis)*; G
Spitzschwanz-Strandläufer *(Calidris acuminata)*	Bindenkreuzschnabel *(Loxia leucoptera)*
Meerstrandläufer *(Calidris maritima)*	Wüstengimpel *(Bucanetes githagineus)*
Bindenstrandläufer *(Micropalama himantopus)*	Hakengimpel *(Pinicola enucleator)*
Grasläufer *(Tryngites subruficollis)*	Maskenkernbeißer *(Eophona personata)*; G
Schlammläufer *(Limnodromus spec.)*	Orangebäckchen *(Estrilda melpoda)*; G
Dünnschnabel-Brachvogel *(Numenius tenuirostris)*	Graukardinal *(Paroaria coronata)*; G
Terekwasserläufer *(Xenus cinereus)*	Spornammer *(Calcarius lapponicus)*
Drosseluferläufer *(Actitis macularius)*	Waldammer *(Emberiza rustica)*
Fischmöwe *(Larus ichthyaetus)*	Zwergammer *(Emberiza pusilla)*
Aztekenmöwe *(Larus atricilla)*	Braunkopfammer *(Emberiza bruniceps)*
Schwalbenmöwe *(Larus sabini)*	Kappenammer *(Emberiza melanocephala)*

Alphabetische Artenliste (Register)*
Vögel

Adlerbussard 135
Afrikanischer Löffler 134
Afrikanischer Schlangenhalsvogel 134
Alpenbraunelle 77, 132
Alpendohle **87**, 133
Alpensegler **68**, 119, 131
Alpenstrandläufer **60**, 115, 130
Amerikanische Krickente 134
Amsel **79**, 132
Atlantiksturmtaucher 134
Auerhuhn 135
Austernfischer **57**, 130
Aztekenmöwe 135
Bachstelze 73, **76**, 115, 116, 132
Bahamaente 134
Bairdstrandläufer 135
Bartgeier 123, 125
Bartmeise **83**, 116, 123, 133
Baumfalke **55**, 115, 129
Baumpieper **75**, 121, 132
Bekassine **61**, 115, 121, 125, 130
Bergente **25**, 129
Bergfink **90**, 134
Berghänfling 134
Berglaubsänger **80**, 133
Bergpieper **75**, 132
Beutelmeise **85**, 116, 133
Bienenfresser **69**, 131
Bindenkreuzschnabel 135
Bindenstrandläufer 135
Birkenzeisig **92**, 134
Birkhuhn 135
Blässgans **16**, **113**, 128
Blässhuhn **23**, **30**, **35**, **40/41**, 42, **97**, 107, 114, 115, 116, 119, 121, 130
Blassspötter 135
Blauflügelente 134
Blaukehlchen **78**, 123, 132
Blaumeise **82**, 133
Blauracke 131
Bluthänfling **92**, 121, 134
Brachpieper 132
Brandgans **16**, 128
Brandseeschwalbe **45**, 131
Braunkehlchen **78**, 132
Braunkopfammer 135
Brautente **21**, 129
Bruchwasserläufer **64**, 130
Buchfink 54, **90**, 133
Buntspecht **70**, **71**, 132
Buschrohrsänger 135
Buschspötter 135
Chileflamingo **47**, 134
Chilepfeifente 134
Dohle **87**, 133
Doppelschnepfe 130
Dorngrasmücke **81**, 121, 133

Dreizehenmöwe 131
Dreizehenspecht 132
Drosselrohrsänger **84**, 133
Drosseluferläufer 135
Dunkler Wasserläufer **63**, 130
Dünnschnabel-Brachvogel 135
Dünnschnabelmöwe 135
Eichelhäher **86**, 133
Eiderente **25**, 129
Eisente **25**, 129
Eismöwe 135
Eistaucher **29**, 114, 116, 128
Eisvogel **69**, 131
Elster **87**, 133
Erddrossel 135
Erlenzeisig **92**, 134
Falkenraubmöwe **48**, 131
Fasan **56**, 129
Feldlerche 15, **74**, 121, 132
Feldrohrsänger 135
Feldschwirl **84**, 132
Feldsperling **90**, 134
Felsenschwalbe 119, 132
Fichtenkreuzschnabel **92**, 134
Fischadler **55**, 120, 125, 129, **141**
Fischmöwe 135
Fitis **80**, 133
Fleckschnabelente 134
Flussregenpfeifer **58**, 117, 130
Flussseeschwalbe **34**, **44**, 115, 117, 131
Flussuferläufer **64**, 115, 117, 121, 130
Gänsegeier 51, 123, 125, 129
Gänsesäger **10/11**, **49**, 115, 129
Gartenbaumläufer **85**, 133
Gartengrasmücke **81**, 133
Gartenrotschwanz **78**, 121, 132
Gebirgsstelze **76**, 132
Gelbbrauen-Laubsänger 135
Gelbe Baumente 134
Gelbschnabelsturmtaucher 134
Gelbschnabeltaucher **29**, 116, 133
Gelbspötter **84**, 133
Gerfalke 135
Gimpel **88**, 134
Girlitz **91**, 134
Gleitaar 135
Goldammer **89**, 134
Goldregenpfeifer **58**, 130
Grasläufer 135
Grauammer **89**, 121, 134
Graubruststrandläufer 130
Graugans **14/15**, **113**, 119, 123, 128
Graukardinal 135
Graukopfkasarka 134
Graureiher **30**, **36/37**, 111, 115, 125, 128
Grauschnäpper **80**, 133
Grauspecht **70**, 131

---

fett gesetzte Seitenzahlen verweisen auf die Seite/n mit zugehöriger/n Abbildung/en

Großer Alexandersittich 135
Großer Brachvogel **62**, 115, 121, 125, 130
Großtrappe 135
Grünlaubsänger 135
Grünling **91**, 134
Grünschenkel **63**, 130
Grünspecht **70**, 131
Habicht 40, **53**, **105**, **113**, 129
Habichtsadler 135
Häherkuckuck 135
Hakengimpel 135
Halbmond-Löffelente 134
Halsbandschnäpper 133
Halsbandsittich 135
Haselhuhn 135
Haubenlerche **74**, 121, 132
Haubenmeise **82**, 133
Haubentaucher **26/27**, 115, 119, 121, 128
Hausrotschwanz **78**, 132
Haussperling **90**, 134
Heckenbraunelle **77**, 132
Heidelerche **74**, 121, 132
Heiliger Ibis 134
Herbstpfeifgans 134
Heringsmöwe **34**, 131
Höckergans 134
Höckerschwan **12/13**, **100**, 115, 119, 128
Hohltaube **72**, 131
Isabellwürger 135
Jungfernkranich 135
Kaisergans 134
Kalanderlerche 135
Kampfläufer **59**, 130
Kanadagans **16**, 119, 128
Kap-Löffelente 134
Kappenammer 135
Karmingimpel **88**, 134
Kernbeißer **88**, 134
Kiebitz **15**, **57**, 58, 115, 121, 125, 130
Kiebitzregenpfeifer **58**, 130
Klappergrasmücke **81**, 133
Kleiber **85**, 133
Kleiner Sturmtaucher 134
Kleines Sumpfhuhn **43**, 130
Kleinspecht **71**, 132
Knäkente **21**, 129
Knutt **59**, 130
Kohlmeise **82**, 133
Kolbenente **22/23**, **40**, **97**, 115, 129
Kolkrabe **87**, 119, 133
Kormoran **30/31**, 115, 119, 125, 128
Kornweihe **53**, 129
Kragenente 135
Krähenscharbe 134
Kranich 37, **43**, 120, 125, 130
Krauskopfpelikan 134
Krickente **20**, 129
Kronenkranich 135
Kuckuck **73**, 131
Kuhreiher **38**, 128
Kurzschnabelgans 134
Kurzzehenlerche 132

Küstenreiher 134
Küstenseeschwalbe **45**, 131
Lachmöwe **31**, **32/33**, 54, **105**, 115, 131
Lachseeschwalbe 131
Löffelente **21**, 129
Löffler **47**, 123, 128
Mandarinente **21**, 129
Mantelmöwe **30**, **34**, 131
Mariskensänger 135
Marmelente 134
Maskenkernbeißer 135
Mauerläufer **85**, 133
Mauersegler **68**, 115, 131
Mäusebussard **52**, 125, 129
Meerstrandläufer 135
Mehlschwalbe **74**, 115, 132
Merlin **54**, 116, 129
Misteldrossel **79**, 132
Mittelmeermöwe **31**, **35**, 131
Mittelsäger **49**, 129
Mittelspecht **71**, 132
Mönchsgeier 123, 125, 135
Mönchsgrasmücke **81**, 133
Mönchssittich 135
Moorente **25**, **105**, 119, 129
Mornellregenpfeifer 130
Moschusente 128
Nachtigall **77**, 132
Nachtreiher **38**, 125, 128
Nebelkrähe **87**, 133
Neuntöter **86**, 133
Nilgans **16**, **17**, **113**, 119, 128
Nordische Schafstelze **76**
Odinshühnchen **65**, 130
Ohrenlerche 135
Ohrentaucher **28**, 116, 128
Orangebäckchen 135
Orientturteltaube 135
Orpheusspötter 133
Ortolan **88**, 134
Oryxweber 135
Paradieskasarka 134
Peposakaente 135
Pfeifente **21**, 129
Pfuhlschnepfe **62**, 130
Pirol **86**, 133
Prachttaucher **29**, 116, 128
Purpurhuhn 135
Purpurreiher **39**, 116, 128
Rabenkrähe **87**, **105**, 133
Rallenreiher 128
Raubseeschwalbe **44**, 131
Raubwürger **86**, 121, 133
Rauchschwalbe **40**, **74**, 115, 116, 132
Raufußbussard 125, 129
Raufußkauz 135
Rebhuhn **56**, 121, 129
Regenbrachvogel **63**, 130
Reiherente **23**, **24**, **97**, 115, 129
Rennvogel 135
Ringdrossel **79**, 132
Ringelgans **17**, 128

137

Ringeltaube **72**, 131
Ringschnabelente 135
Ringschnabelmöwe 135
Rohrammer **5**, **89**, 115, 134
Rohrdommel **38**, 116, 123, 125, 128
Rohrschwirl **84**, 116, 123, 132
Rohrweihe **52**, 116, 129
Rosaflamingo **47**, 134
Rosapelikan 134
Rosenstar 135
Rostgans **16**, 118, 119, 128
Rotdrossel **79**, 132
Rötelfalke 135
Rötelpelikan 134
Rötelschwalbe 135
Rotflügel-Brachschwalbe **65**, 130
Rotfußfalke **54**, 129
Rothalsgans 134
Rothalstaucher **29**, 116, 128
Rotkehlchen **77**, 132
Rotkehlpieper **75**, 132
Rotkehl-Strandläufer 135
Rotkopfwürger **86**, 121, 133
Rotmilan **50**, 125, 129
Rotschenkel **63**, 130
Rotschulterente 134
Rüppellseeschwalbe 135
Saatgans 128
Saatkrähe **87**, 133
Säbelschnäbler **57**, 130
Sakerfalke 135
Samtente **25**, 129
Sanderling **59**, 130
Sandregenpfeifer **58**, 130
Sandstrandläufer 135
Schafstelze **76**, 116, 132
Scheckente 135
Schelladler 125, 135
Schellente **25**, 129
Schilfrohrsänger **84**, 133
Schlagschwirl 132
Schlammläufer 135
Schlangenadler 135
Schleiereule **67**, 131
Schmarotzerraubmöwe **48**, 131
Schnatterente **20**, 129
Schneeammer **89**, 134
Schneegans 134
Schreiadler 125, 135
Schwalbenmöwe 135
Schwanzmeise **82**, 133
Schwarzhalstaucher **28**, 114, 119, 128
Schwarzkehlchen **78**, 132
Schwarzkopfmöwe **34**, 131
Schwarzkopf-Ruderente 135
Schwarzmilan **50**, 125, 129
Schwarzschwan 119, 128
Schwarzspecht **71**, 132
Schwarzstirnwürger 135
Schwarzstorch **46**, 120, 125, 128
Seeadler 40, **50**, 120, 123, 125, 129
Seeregenpfeifer **58**, 130

Seggenrohrsänger 133
Seidenreiher **39**, 128
Seidenschwanz **77**, 132
Sichelstrandläufer **60**, 130
Sichler **47**, 128
Silbermöwe **35**, 131
Silberreiher 36, **38**, **100**, 116, 120, 125, 128
Singdrossel **79**, 132
Singschwan **17**, **100**, 118, 128
Skua **48**, 131
Sommergoldhähnchen **81**, 133
Spatelraubmöwe **48**, 131
Sperber **53**, 129
Sperbergrasmücke 135
Sperlingskauz 131
Spießente **20**, 129
Spitzschwanz-Strandläufer 135
Spornammer 135
Spornpieper 132
Sprosser 135
Star **93**, **111**, **113**, 115, 116, 133
Steinadler 125, 129
Steinhuhn 135
Steinkauz **66**, 121, 131
Steinschmätzer **79**, 121, 132
Steinsperling 135
Steinwälzer **64**, 130
Stelzenläufer **57**, 130
Steppenadler 135
Steppenkiebitz 135
Steppenmöwe 35, 131
Steppenweihe 129
Sterntaucher **29**, 116, 128
Stieglitz **91**, 113, 134
Stockente **17**, **18/19**, 23, 115, 129
Straßentaube **72**, 131
Streifengans 134
Sturmmöwe **34**, 131
Sturmschwalbe 134
Sumpfläufer 130
Sumpfmeise **82**, 133
Sumpfohreule **67**, 131
Sumpfrohrsänger **84**, 133
Tafelente **24**, **105**, 129
Tannenhäher **86**, 133
Tannenmeise **82**, 133
Teichhuhn **42**, 130
Teichrohrsänger **84**, 116, 133
Teichwasserläufer **63**, 130
Temminckstrandläufer **60**, 130
Terekwasserläufer 135
Thorshühnchen **65**, 130
Tienschan-Laubsänger 135
Tordalk 135
Trauerente 25, 129
Trauerschnäpper **80**, 133
Trauerseeschwalbe **45**, 115, 131
Triel 131
Tüpfelsumpfhuhn **43**, 130
Türkentaube **73**, 131
Turmfalke **54**, 129
Turteltaube **73**, 131

Uferschnepfe **62**, 121, 130
Uferschwalbe **74**, 115, 116, 132
Uhu **67**, 119, 131
Wacholderdrossel **79**, 132
Wachtel **56**, 129
Wachtelastrild 135
Wachtelkönig **43**, 121, 130
Waldammer 135
Waldbaumläufer **85**, 133
Waldkauz **66**, 131
Waldlaubsänger **80**, 133
Waldohreule **66**, 131
Waldrapp **47**, 120, 125, 128
Waldschnepfe **61**, 130
Waldwasserläufer **64**, 115, 130
Wanderfalke **54**, 119, 129
Wasseramsel **76**, 132
Wasserralle **43**, 116, 129
Weidenmeise **82**, 133
Weißbartgrasmücke 135
Weißbartseeschwalbe **45**, 131
Weißbürzel-Strandläufer 135
Weißflügel-Seeschwalbe 131
Weißkopf-Ruderente 135
Weißschwanzkiebitz 135
Weißstorch **46**, 119, 120, 125, 128
Weißwangengans **16**, 128
Wendehals **70**, 131
Wespenbussard **51**, 125, 129
Wiedehopf **69**, 121, 131
Wiesenpieper 15, **75**, 121, 132
Wiesenschafstelze 76
Wiesenstrandläufer 135
Wiesenweihe **53**, 121, 129
Wintergoldhähnchen **81**, 133
Wüstengimpel 135
Wüstenregenpfeifer 135
Zaunammer 134
Zaunkönig **77**, 116, 132
Ziegenmelker **68**, 131
Zilpzalp **80**, 133
Zimtente 134
Zippammer 134
Zistensänger 119, 132
Zitronenstelze 135
Zitronenzeisig 134
Zwergadler 135
Zwergammer 135
Zwergdommel **38**, 116, 128
Zwergmöwe **34**, 131
Zwergohreule 135
Zwergsäger **49**, 129
Zwergscharbe 134
Zwergschnäpper 133
Zwergschnepfe **61**, 130
Zwergschwan **17**, 128
Zwergseeschwalbe **45**, 131
Zwergstrandläufer **60**, 130
Zwergsumpfhuhn **43**, 130
Zwergtaucher **28**, **111**, 114, 119, 128
Zwergtrappe 135

Sonstige Fauna:

Auerochse 122, 123
Aufrechter Flohkrebs 115
Biber **96**, 111
Donau-Schwebegarnele 114
Edelkrebs 115
Elefant 124
Esel 123
Exmoorpony 125
Feldmaus 38
Flusspferd 124
Gelbhalsmaus **67**
Grasfrosch **46**
Großer Höckerflohkrebs 115
Heckrind **113**, 123, 124, 125
Hochlandrind 117
Kaffernbüffel 124
Kamberkrebs 29, **107**, 114
Konik **108/109**, **110**, **111**, 113, 123, 124, 125
Pferd 8, 122, 123, 125
Przewalskipferd 123
Reh **87**, 125
Rind 8, 122, 123, 125
Rotauge 27, 115
Rothirsch **110**, 111, **112**, 113, 123, 124
Schaf 122
Schwein 122
Signalkrebs 114
Tarpan 109, 123
Taurusrind 125
Tintenfische 122
Wandermuschel **107**, 114, 116, 119
Wasserbüffel 123, **124**, 125
Wildschwein 125
Wollschwein 117
Wisent 122, 123
Zahnwale 122
Ziege 122

Der Bild- und Textautor
Dr. Dieter Haas
mit verletztem Fischadler.
Foto: David Haas

In Bad Buchau am Federsee geboren und aufgewachsen, kam Dieter Haas schon früh zur Ornithologie. Denn Anleitung gab es in der Familie selbst: Der Vater war namhafter Vogelkundler und Sonderbauftragter für den Naturschutz am Federsee. Schon während seines Medizinstudiums unternahm Dieter Haas ausgedehnte Forschungsreisen ins Ausland. Er hielt sich vor allem in Nord- und Westafrika, im Vorderen und Mittleren Orient sowie in Südamerika auf. Nach Freilandstudien in Nordafrika promovierte er über ein parasitologisch-tropenmedizinisches Thema und ist seither als Arzt tätig. Seit gut einem halben Jahrhundert besucht er Natur- und Vogelschutzgebiete auf allen Kontinenten; die bislang noch unberücksichtigte Antarktis ist bereits anvisiert. Seine bevorzugten heimischen Exkursionsziele sind bis heute der Bodensee, die kleineren oberschwäbischen Seen und die Schwäbische Alb. Als Vogelkundler, Naturschützer und Naturfotograf hat er zahlreiche mit eigenen Fotos illustrierte Buch-, Zeitungs- und Zeitschriftenbeiträge veröffentlicht. Sein Einsatz im Naturschutz, vornehmlich auf Bundesebene im Naturschutzbund Deutschland e. V. (NABU), wurde wiederholt mit Auszeichnungen und Preisen gewürdigt.

Bildnachweis:
Fotos: Dieter Haas (sofern nicht anders in den Bildlegenden angezeigt)
Karl-F. Gauggel: Samtente (S. 25), Prachttaucher (S. 29), Waldbaumläufer (S. 85), Mauerläufer (S. 85)
Beatrix Haas: Burgruine Schopflen (S. 99), Stockacher Aachmündung (S. 106), Wasserschutzgebiet bei Stein am Rhein (S. 107)
David Haas: Autorenportrait (S. 141)
Bruno Roth: Kolkrabe am Aas (S. 87 unten links)
Peter Steiner: Haubentaucher (S. 26 oben), Kormoran (S. 31 unten), Silberreiher mit Feldmaus (S. 38 oben Mitte), Neuntöter (S. 86 oben rechts), Bluthänfling-Männchen (S. 92)

Umschlagfotos: Vorderseite v.o.n.u.: Fischadler, Kolbenenten; Rückseite v.o.n.u.: Bartmeise, Waldrapp im Jugendkleid, Kolbenenten

143 Seiten
468 Abbildungen
2 Tabellen
Alphabetische Artenliste
Bodensee-Zeichnung (vereinfacht nach Andreas Hafen 1997)

Für Notizen:

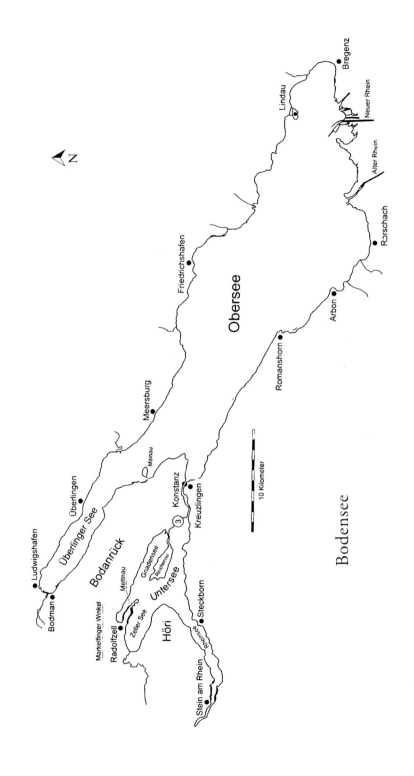